• LES SECRETS DES •

Rois de France

CHÊNE E/P/A

43, quai de Grenelle, 75905 Paris Cedex 15
www.editionsduchene.fr

Direction générale : Fabienne Kriegel
Édition : Volcy Loustau
Recherche iconographique : Marie Marin
Réalisation graphique : CGI
Couverture : Laurent Besson
Photo de couverture : *Louis XIV en costume royal*, 1701, huile sur toile par Hyacinthe Rigaud.
Musée du Louvre, Paris. © RMN/G. Blot
Macarons sur la couverture : *Philippe VI de Valois* (1293-1350). Portrait conservé au Château de Versailles.
© Gérard Blot / Photo RMN ; *François Ier* par Jean Clouet, vers 1535. © Musée du Louvre, Paris ;
Louis XIII le Juste par Juste d'Egmont. © Château de Versailles / Giraudon.

Ventes directes et partenariats : Claire Le Cocguen
clecocguen@hachette-livre.fr

Achevé d'imprimer par Starlite en Chine - Juillet 2012
Dépôt légal : octobre 2012
ISBN : 978-2-85120-764-7
65/6733/3

• LES SECRETS DES •

Rois de France

SOMMAIRE

Les Mérovingiens (481-751)

Les Carolingiens (751-987)

Les Capétiens (987-1328)

Les Valois (1328-1589)

Les Bourbons (1589-1792)

Après la Révolution (1804-1870)

La France d'avant les rois

© Schütze/Rodemann/AKG Paris

Autun, en Saône-et-Loire, l'antique Augustunum, garde de son passé gallo-romain un amphithéâtre datant du Ier siècle après J.-C. et admirablement conservé.

Après deux siècles de prospérité, la Gaule romaine se trouve aux prises avec des envahisseurs de plus en plus menaçants venus de l'est. Les peuples germaniques, qui finissent par s'implanter en Gaule à partir du IVe siècle, vont se fondre rapidement dans la civilisation gallo-romaine.

La Gaule romaine

La victoire de César contre Vercingétorix, en 52 avant J.-C., à Alésia, a marqué la fin de la civilisation gauloise.
La Gaule devient peu à peu gallo-romaine. Elle est divisée en trois provinces : l'Aquitaine, des Pyrénées jusqu'à la Loire ; la Lyonnaise, entre la Loire et la Seine ; la Gaule Belgique, dans le Nord.
Le Midi, qui a été romanisé dès 120 av. J.-C., forme une province plus ancienne, la Narbonnaise. Dès le Ier siècle après J.-C., les campagnes gauloises se transforment : les Romains construisent des routes, des aqueducs, élèvent des temples, des forums, des basiliques, des villas.
La Gaule est riche et prospère : c'est un véritable grenier à blé, on y cultive la vigne, et l'artisanat est très développé. De grandes villes se créent, comme Autun, en Bourgogne.

© Rue des Archives/Tallandier

Vase en verre décoré datant de la période gallo-romaine.

Le danger arrive de l'est

Mais les Germains, installés au-delà du Rhin, représentent déjà une menace. Sous le règne de César, ils font de fréquentes incursions à l'intérieur de l'Empire. Au Ier siècle après J.-C., les empereurs Vespasien et Domitien aménagent une zone frontière entre le Rhin et le Danube. Cette ligne fortifiée continue, appelée *limes*, est occupée par les légions romaines, qui y installent, à intervalles réguliers, des tours de guet et des camps. Pourtant, dès la fin du IIe siècle, des bandes germaniques réussissent à franchir le Rhin et à détruire les faubourgs de Strasbourg.

Francs et autres peuples barbares

Durant tout le IIIe siècle, la Gaule romaine est envahie régulièrement par des « Barbares » : on appelle ainsi, dans l'Antiquité, les peuples qui ne parlent ni le grec ni le latin. Venus de l'est, ils dévastent les campagnes et pillent les cités qu'ils traversent.
En 233-234, puis, vingt ans plus tard, en 253, les Alamans envahissent la zone fortifiée en bordure du *limes* et déferlent jusqu'en Auvergne. À partir de 259-260, les invasions prennent une tout autre ampleur. Les Francs, qui pénètrent par les vallées de la Sambre et de la Meuse, ravagent la Gaule depuis le littoral flamand jusqu'à la Champagne.
Les Alamans, reprenant l'offensive, atteignent la vallée du Rhône.

Des remparts pour protéger les cités

Des changements profonds affectent alors la Gaule. Une partie des habitants désertent les villes pour s'établir à la campagne, où ils seront moins en danger.
Les aristocrates fortifient leurs villas. Ceux qui restent dans les cités démantèlent monuments et statues et s'en servent pour construire des remparts, derrière lesquels ils se protègent des invasions, comme à Trèves ou à Arles, devenues résidences impériales.
Dans le même temps, on assiste à l'épanouissement du christianisme, reconnu par l'empereur Constantin en 313. Malgré les persécutions dont ont été victimes les premiers chrétiens, comme sainte Blandine à Lyon en 177, cette religion fait des progrès très rapides en Gaule, propagée grâce à des évêques comme saint Martin de Tours, de 370 à sa mort, en 397.

Les Barbares font souche

Au début du Ve siècle, les invasions barbares se font plus importantes.
Les Germains franchissent à nouveau le Rhin à partir de décembre 406, par infiltrations successives, mais cette fois-ci pour y rester. Ils sont acceptés en Gaule par les empereurs romains, qui leur permettent de s'installer dans les « villas » abandonnées par les habitants lors des précédentes invasions germaniques. Ils leur confient la défense des territoires en échange de ce qu'on appelle l'« hospitalité », afin de faciliter le repeuplement des campagnes.
Peu à peu, ces peuples germaniques vont créer de véritables petits royaumes.
Les Wisigoths font souche en Aquitaine, les Burgondes dans les vallées de la Saône et du Rhône, les Francs dans le nord de la Gaule et dans l'actuelle Belgique. Considérés comme des alliés du peuple romain, ils finissent par former l'essentiel des forces militaires.

Intérêt public et intérêt privé

Les chefs de ces peuples barbares ont une conception particulière du pouvoir, qu'ils considèrent comme personnel et absolu. Ils pensent que leur royaume est leur propriété privée : ils n'hésitent pas à tirer des revenus des terres qui sont sous leur domination et les partagent entre leurs descendants selon leur convenance. Seuls les enfants mâles héritent de leur père. Mais comme chacun devient roi de la portion qu'il a héritée, ces partages conduisent à des guerres et des assassinats à répétition. Cette tradition des premiers rois francs explique les périodes extrêmement agitées qu'a connues la royauté pendant les premiers siècles de l'histoire de ce pays qui ne s'appelle pas encore la France.

Portrait de l'empereur Constantin. Mosaïque de l'école vénéto-byzantine (XIIIe siècle).

Les Mérovingiens

AN 481...			LES MÉROVINGIENS			
Clovis Ier *vers 465-511* Roi des Francs vers 481-511	Clotaire Ier *vers 497-561* Roi des Francs 558-561	Chilpéric Ier *539-584* Roi de Soissons et de Neustrie 561-584	Clotaire II *584-629* Roi des Francs 613-629	Dagobert Ier *vers 604-639* Roi des Francs 629-639	Childéric II *vers 650-675* Roi des Francs 673-675	Thierry III *654-691* Roi des Francs 679-691

LES MÉROVINGIENS						... AN 751
Clovis IV *682-695* Roi des Francs 691-694	Childebert III *683-711* Roi des Francs 695-711	Dagobert III *699-715* Roi des Francs 711-715	Chilpéric II *670-721* Roi des Francs 715-721	Thierry IV *713-737* Roi des Francs 721-737	Childéric III *vers 714-754* Roi des Francs 743-751	*Charles Martel* *vers 688-741*

Clovis

Roitelet d'un petit territoire franc dont la capitale est Tournai, Clovis va, peu à peu, étendre son pouvoir. Il s'empare d'abord des territoires restés romains, puis s'attaque aux possessions barbares, celles des Francs Ripuaires (qui vivent sur la rive droite du Rhin), des Alamans, des Burgondes, des Wisigoths. Converti au catholicisme, il devient un roi reconnu par les nobles. Le royaume des Francs est né.

Bien qu'au temps de Clovis on ne puisse pas dire que la France existe, il est considéré comme le fondateur de la royauté française. Tableau de F.-L. Dejuinne, 1835, château de Versailles.

La Gaule au Ve siècle

Au milieu du Ve siècle, après les invasions barbares et la chute de l'Empire romain, la Gaule est partagée entre les Alamans (entre les Vosges et le Rhin), les Burgondes (dans les vallées du Rhône et de la Saône), les Wisigoths (entre la Loire et les Pyrénées), les Armoricains (en Bretagne), les Romains (dans les vallées de la Marne et de l'Oise) et les Francs (en Picardie, Champagne et Belgique).

Une ascension fulgurante

Clovis voit le jour en l'an 465.
Il est le fils de Childéric, roi d'une petite tribu de Francs Saliens cantonnés autour de Tournai (ville située aujourd'hui à la frontière franco-belge), et de Basine, reine des Francs du Rhin. Il est aussi, selon la tradition, le petit-fils de Mérovée, fondateur de la première dynastie des rois de France, à qui l'on donnera pour cette raison le nom de Mérovingiens.
Dès l'enfance, Clovis apprend à devenir un chef de guerre, un combattant redoutable et féroce, comme tous les jeunes Francs, qui n'ont pas peur de la mort. Il a tout juste quinze ans quand il succède à son père. Roitelet sans grande armée, il est pourtant conscient de la valeur de ses hommes. Il leur impose une discipline de fer, et punit sévèrement les rebelles. Ses guerriers, bien entraînés, utilisent avec habileté les armes classiques (l'épée, la lance, l'arc) mais ils sont surtout passés maîtres dans le maniement d'autres armes, encore plus redoutables.

Clovis	Clotaire Ier	Chilpéric Ier	Clotaire II	Dagobert Ier	Childéric II	Thierry III
▶ **496** *Conversion de Clovis* ▶ **507-511** *Publication de la loi salique*	▶ **532-534** *Les Francs conquièrent le royaume burgonde* ▶ **536** *Les Francs conquièrent la Provence*	▶ **569-575** *Les Lombards envahissent cinq fois la Gaule* ▶ **578-579** *Les Bretons prennent Vannes, Rennes et Nantes*	▶ **613** *Supplice de Brunehaut*	▶ **630** *Apparition de la règle de saint Benoît en France*	▶ **675** *Les Aquitains se rendent indépendants*	▶ **680** *Pépin de Herstal maire du palais d'Austrasie*

Remi, évêque de Reims

Chef spirituel très actif depuis qu'un roi catholique est au pouvoir, Remi s'efforce d'effacer les dégâts des invasions barbares : il crée de nouveaux évêchés et organise une mission itinérante pour prêcher l'Évangile dans les régions totalement dévastées. Il élabore une charité très active : il secourt les pauvres, protège les veuves et les orphelins, et fonde un hôpital à Reims. Il rachète les captifs et affranchit des esclaves. À sa mort, vers 530, l'essentiel de sa fortune ira à l'Église.

Le baptême de Clovis par Remi, évêque de Reims. Grandes Chroniques de France *d'après Grégoire de Tours. Bibliothèque nationale, Paris.*

Vaincre d'abord les Romains

Allié des Romains, Clovis les attaque pourtant en 486. Il est soutenu par les rois saliens Ragnacaire et Chararic.
La bataille s'engage autour de Soissons, capitale romaine. Les Francs remportent une victoire éclatante et Syagrius, le chef romain, se réfugie auprès du roi wisigoth Alaric II ; Clovis obtient par la menace qu'il lui soit livré, puis le met à mort.
Les années suivantes, il achève, non sans mal, la conquête des territoires sous domination romaine. Plusieurs villes se rendent pourtant sans combat, comme Paris, en 486. L'évêque de Reims, nommé Remi, adresse alors une lettre de félicitations au vainqueur : il lui reconnaît le droit d'administrer la province et l'invite à établir des relations cordiales avec les évêques.

Catholiques, païens et ariens

Véritable détenteur du pouvoir politique à l'époque où les Romains se retirent, Remi propose un pacte à Clovis : l'obéissance des évêques en échange de son respect. C'est un premier pas pour amener le roi païen vers la conversion.
En réalité, l'Église catholique est inquiète, car elle est très contestée par les fidèles d'un prêtre d'Alexandrie, Arius.
Ce dernier a déclaré (vers l'an 320) que le Christ serait inférieur au Père et considéré à tort comme l'égal de Dieu. L'arianisme s'est d'abord répandu dans l'Empire d'Orient avant d'être éliminé. Mais, entre-temps, il s'est développé chez les Germains, futurs envahisseurs de l'Occident : Wisigoths, Burgondes et Ostrogoths — les Barbares qui ont envahi l'Italie — sont ariens. Clovis, même s'il est païen, a les faveurs des catholiques. L'évêque Remi sera aidé par Clotilde, fille « élégante et sage » que Clovis épouse en 493. Fille du roi des Burgondes Chilpéric, et bien que vivant parmi des ariens, c'est une ardente catholique qui s'emploie à convaincre son mari d'abandonner le culte des idoles.
Clovis hésite : il craint avant tout les réactions de ses soldats.

« Dieu de Clotilde, viens à mon secours ! »

Les Francs Ripuaires, établis autour de Cologne, subissent les attaques de leurs voisins alamans.
Vaincus en 496, leur roi Sigebert étant blessé (il portera désormais le nom de Sigebert le boiteux),

Lui et Nous

Le baptême de Clovis, fondement de l'Église catholique de France

En demandant à être baptisé, Clovis affirme son appartenance au catholicisme, qui restera la religion dominante en France jusqu'à nos jours. Le jour du baptême, dans la ville de Reims, la foule présente à la cérémonie se presse dans la cathédrale. Pendant que le roi est immergé dans le baptistère, l'évêque se tourne vers le ciel et prie. Surgit alors une magnifique colombe « plus blanche que la neige » et portant dans son bec une ampoule avec le saint-chrême, une huile bénite mêlée de baume.
C'est avec cette huile que, selon la légende, Remi trace sur le roi, au sortir de la cuve, le signe de la croix. La sœur de Clovis, Alboflède, païenne elle aussi, ainsi que trois mille de ses guerriers vont suivre l'exemple de leur roi.

Clovis IV	Childebert III	Dagobert III	Chilpéric II	Thierry IV	Charles Martel	Childéric III
► 695 *Pépin de Herstal repousse les Frisons au-delà du Rhin*	► 709-712 *Expédition de Pépin contre les Alamans*	► 714 *Mort de Pépin II*	► 717-725 *Les Sarrasins conquièrent la Septimanie*	► 723 *Saint Boniface évêque auprès de Charles Martel*	► 732 *Les Sarrasins battus à Poitiers* ► 728 *Charles soumet la Bavière*	► 742-743 *Épidémie de peste* ► 751 *Childéric III déposé. Fin de la dynastie mérovingienne*

Le partage du royaume de Clovis entre ses quatre fils : pour Thierry, Metz ; pour Clotaire, Soissons ; pour Clodomir, Orléans, et pour Childebert, Paris. Chroniques des rois de France *(XVe siècle). Musée Condé, Chantilly.*

ils appellent Clovis à l'aide. Une bataille rude et meurtrière se déroule à Tolbiac. Le combat est mal engagé pour les Saliens, peut-être moins nombreux.
Clovis, désespéré, voit ses hommes se faire massacrer. Cerné par les guerriers ennemis, dans une bataille qui semble perdue, il implore : « Dieu de Clotilde, viens à mon secours ! », et promet dans une prière de se faire baptiser s'il est vainqueur. Stupéfait, il voit alors les Alamans se retirer et se disperser : leur roi vient de se faire tuer.
À cette époque, les rois se battent à la tête de leurs troupes, en première ligne. Dès que l'un des deux chefs adversaires meurt, son armée se disperse aussitôt. Clovis ne peut plus douter de la grandeur du Dieu de Clotilde. Saint Remi se chargera de son instruction dans la foi chrétienne. Son baptême sera célébré dans la cathédrale de Reims à Noël (en 496 ou en 498 selon les sources).

Le vase de Soissons

D'après la légende, Clovis a promis à l'évêque d'une église que lui et ses hommes ont pillée de lui rendre un vase précieux qui fait partie du butin. Selon la coutume franque, Clovis et ses soldats se sont partagé les richesses et le vase a été attribué, par tirage au sort, à l'un des guerriers. Mais celui-ci refuse de s'en séparer et, plutôt que de le rendre, le fracasse de sa hache. Un an plus tard, quand Clovis passe ses hommes en revue, il reproche au soldat rebelle le mauvais état de ses armes et les jette par terre. Le soldat se penche pour les ramasser et Clovis lui fend la tête avec sa hache en lui disant : « Ainsi as-tu fait au vase de Soissons ! »

Au nom de l'Église catholique

Clovis devient le seul roi catholique de l'Occident. Il se sent investi d'une mission : délivrer les populations catholiques de leurs maîtres et oppresseurs ariens. Sa première cible est le peuple des Burgondes, alliés des Wisigoths. Leur royaume est partagé entre deux frères : Gondebaud et Godegisèle. Ce dernier se met d'accord avec Clovis, qui attaque Gondebaud près de Dijon, en rase campagne. Le Burgonde, vaincu, se réfugie à Avignon, où il s'enferme. Redoutables sur terrain découvert, les Francs ont un point faible : la conquête de villes fortifiées.
En effet, faute d'ingénieurs, ils ne possèdent pas de machines de guerre, pourtant utilisées auparavant par les Grecs et les Romains. Clovis préfère négocier avec Gondebaud : contre le paiement d'un tribut annuel, il accepte de se retirer. Les deux Burgondes règlent seuls leur différend.

Clovis	Clotaire Ier	Chilpéric Ier	Clotaire II	Dagobert Ier	Childéric II	Thierry III
▶ **496** *Conversion de Clovis* ▶ **507-511** *Publication de la loi salique*	▶ **532-534** *Les Francs conquièrent le royaume burgonde* ▶ **536** *Les Francs conquièrent la Provence*	▶ **569-575** *Les Lombards envahissent cinq fois la Gaule* ▶ **578-579** *Les Bretons prennent Vannes, Rennes et Nantes*	▶ **613** *Supplice de Brunehaut*	▶ **630** *Apparition de la règle de saint Benoît en France*	▶ **675** *Les Aquitains se rendent indépendants*	▶ **680** *Pépin de Herstal maire du palais d'Austrasie*

Les armes des Francs

La *scramasaxe* est un poignard, ou une courte épée, à un tranchant. La *francisque* est une hache à un tranchant. Le guerrier la lance en la faisant tournoyer. L'*angon* est une sorte de grand javelot en fer réservé aux chefs. Il est terminé par une pique, elle-même pourvue de pointes retournées, comme un hameçon. Lorsque l'ennemi qui a été touché veut retirer l'angon de son corps, il aggrave sa blessure.

Armes et costumes des guerriers francs. L'arme tenue par le troisième guerrier en partant de la gauche est une francisque.

Godegisèle est tué, Gondebaud devient le seul maître de la Burgondie. Clovis, fin politicien, le traite comme son égal ; il le convainc vite de rompre son alliance avec les Wisigoths et de se battre contre eux à ses côtés. Bientôt Gondebaud se convertit au catholicisme.

De victoire en victoire

C'est une véritable croisade que Clovis engage contre les Wisigoths. Leur roi Alaric II, arien fanatique, persécute les évêques catholiques.

Pendant la bataille qui s'engage, en 507, dans la plaine de Vouillé, près de Poitiers, Clovis tue Alaric, donnant la victoire aux Francs.

Maîtres de l'Aquitaine, les Francs occupent Bordeaux en 507 et Toulouse en 508.

La même année, Thierry, fils de Clovis, soumet l'Albigeois, le Rouergue et l'Auvergne. Toutefois, les Francs échouent devant Arles fortifiée : la Septimanie (Languedoc et Roussillon) reste entre les mains des Wisigoths ; la Provence passe aux Ostrogoths.

L'éducation des enfants de Clovis. La reine Clotilde regarde Clodomir et Childebert s'entraîner au lancer de la francisque. Tableau de L. Alma-Tadema (1861).

Roi de tous les Francs

De retour à Tours, Clovis reçoit de la part des ambassadeurs d'Anastase toutes sortes d'insignes honorifiques. Roi incontestable de tous les Francs, en grande tenue, un diadème sur la tête, signe du pouvoir suprême, il défile dans les rues et distribue des pièces d'or à la foule. Il choisit Paris comme capitale de son royaume.

Puis il n'hésite pas à élargir encore son territoire en éliminant les autres rois francs. En 508, il fait assassiner le Franc Ripuaire Sigebert le Boiteux par le propre fils de ce dernier ; ensuite, il élimine l'assassin. Le même sort est réservé aux rois saliens Chararic et Ragnacaire, ainsi qu'à leurs parents, possibles successeurs.

Les dernières années

Après une vie passée à agrandir son royaume, il reste peu de temps à Clovis pour s'occuper de l'organiser.

Il fait rédiger la première version de la loi salique, qui concerne uniquement les Francs Saliens, un ensemble de règles qui seront mises au point par un de ses successeurs, Dagobert.

Il fait aussi adopter les premières dispositions de la réorganisation de l'Église par le concile des évêques de Gaule, qui se réunit à Orléans en juillet 511.

Clovis meurt à Paris le 27 novembre 511, à l'âge de quarante-cinq ans. Il est inhumé dans la crypte de la basilique Pierre-et-Paul, qu'il avait fait construire sur la montagne Sainte-Geneviève (ce monument, aujourd'hui détruit, occupait l'emplacement de l'actuel lycée Henri-IV).

Clovis IV	Childebert III	Dagobert III	Chilpéric II	Thierry IV	Charles Martel	Childéric III
▶ 695 Pépin de Herstal repousse les Frisons au-delà du Rhin	▶ 709-712 Expédition de Pépin contre les Alamans	▶ 714 Mort de Pépin II	▶ 717-725 Les Sarrasins conquièrent la Septimanie	▶ 723 Saint Boniface évêque auprès de Charles Martel	▶ 732 Les Sarrasins battus à Poitiers ▶ 728 Charles soumet la Bavière	▶ 742-743 Épidémie de peste ▶ 751 Childéric III déposé. Fin de la dynastie mérovingienne

Les derniers Mérovingiens

De 662 à 751, le royaume des Francs connaît une histoire chaotique, dont il aurait pu ne pas se relever. En moins d'un siècle — quatre-vingt-neuf ans exactement —, pas moins de huit souverains se sont succédé : Childéric II, Thierry III, Clovis IV, Childebert III, Dagobert III, Chilpéric II, Thierry IV et Childéric III. Pas plus de dix ans en moyenne pour chaque règne, sachant que, de 737 à 743, aucun roi ne fut désigné. Plus significatif, ces rois sont soit trop jeunes pour régner, soit manipulés par ceux qui détiennent le véritable pouvoir : les maires du palais.

Une période de chaos politique où le pouvoir change de mains. De gauche à droite : Childéric II et Bilichilde, Thierry III et Clotilde, Clovis IV, Ermenchilde et Childebert III.

Une période instable

À partir de la mort de Dagobert II en 639, le *regnum Francorum* (royaume des Francs) sombre dans l'instabilité. Les rois, de plus en plus inconsistants, sont les jouets de ceux que les grands feudataires ou des reines, devenues régentes à la mort de leur époux, placent au majorat — c'est le nom de la fonction du maire du palais. Véritables Premiers ministres, ces maires gouvernent en lieu et place du souverain. Ils tiennent leur pouvoir de la nature de leurs responsabilités.

Chargés à l'origine de veiller à la bonne marche du palais royal, ils occupent près du souverain une fonction stratégique. Proches de celui-ci et à l'écoute des grands *leudes* (nom donné aux hommes libres proches du roi), certains se verraient volontiers occuper le trône en déposant le souverain légitime.

Presque rois

C'est le cas, par exemple, de Grimaud, sous Childebert, mais il est jeté en prison en 662. Un exemple suivi par Ébroïn (mort vers 683). Mais Pépin de Herstal (vers 640-714) et Charles Martel (vers 685-741) ne s'y hasarderont pas. Plus hardi, Pépin le Bref (vers 715-768) sautera le pas, en 751. Ces trois derniers appartiennent à la même lignée, celle des Pippinides, nom construit sur le prénom Pépin. Énergiques et ambitieux, ils prennent l'ascendant sur les princes qu'ils placent à la tête du royaume. Adroits et rusés, ils assurent la défense de l'identité franque face aux pressions venues de l'extérieur, en particulier la poussée arabe au sud. Centralisateurs, ils empêchent que les quatre grands domaines mérovingiens, les royaumes d'Austrasie, d'Aquitaine, de Bourgogne et de Neustrie, ne s'éloignent les uns des autres.

Clovis	Clotaire Ier	Chilpéric Ier	Clotaire II	Dagobert Ier	**Childéric II**	**Thierry III**
▶ 496 *Conversion de Clovis* ▶ 507-511 *Publication de la loi salique*	▶ 532-534 *Les Francs conquièrent le royaume burgonde* ▶ 536 *Les Francs conquièrent la Provence*	▶ 569-575 *Les Lombards envahissent cinq fois la Gaule* ▶ 578-579 *Les Bretons prennent Vannes, Rennes et Nantes*	▶ 613 *Supplice de Brunehaut*	▶ 630 *Apparition de la règle de saint Benoît en France*	▶ 675 *Les Aquitains se rendent indépendants*	▶ 680 *Pépin de Herstal maire du palais d'Austrasie*

Comment Ébroïn fut fait maire du palais et comment il fit martyriser Léger, évêque d'Autun. Illustration tirée des Grandes Chroniques de France, *manuscrit du XVᵉ siècle. Bibliothèque nationale, Paris.*

Des rois vraiment fainéants?

On le voit, les derniers rois mérovingiens ne méritent pas leur surnom de « fainéants ». Ils étaient plutôt impuissants, dominés par les maires du palais. Rois en apparence, tout était fait pour qu'ils n'exercent aucune autorité. Le plus souvent trop jeunes pour régner, élevés dans des monastères, ils n'avaient pu bénéficier de l'éducation indispensable pour s'affirmer dans un monde où la force et la ruse régnaient en maîtres.

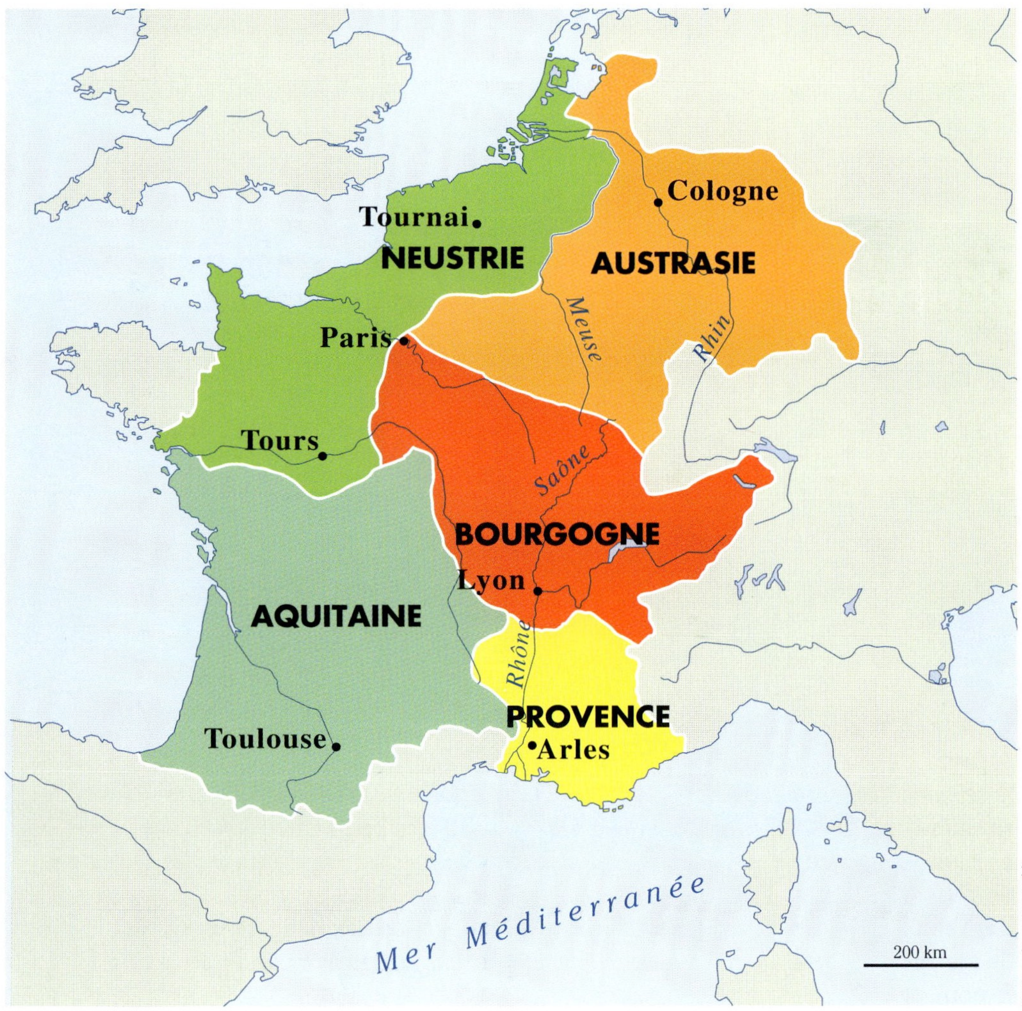

La France mérovingienne se divise en quatre royaumes indépendants, pourvus chacun d'un roi et, surtout, d'un « palais », siège du gouvernement, dirigé par un maire. Après de multiples partages, la Provence fut réunie au royaume de Bourgogne.

Childéric II

Deuxième fils du roi Clovis II et de Bathilde, il est né vers 650. À la mort de son père, c'est sa mère qui assure la régence. En 662, il devient roi d'Austrasie, puis en 673 de Neustrie et porte dès lors le titre de roi des Francs. Maire du palais des royaumes de Neustrie et de Bourgogne depuis 653, Ébroïn ne s'entend pas avec Childéric II. Le jeune roi se laisse aller à des excès : débauché et cruel, il ne supporte pas l'autorité du maire du palais et réussit à se faire le champion de la lutte contre Ébroïn. En 673, ce dernier tente de remplacer sur le trône de Neustrie Childéric II par son jeune frère Thierry III. Les leudes repoussent la mesure d'Ébroïn, qui, un an plus tard, est exilé au monastère de Luxeuil (aujourd'hui en Haute-Saône), tandis que Thierry III est tondu et relégué dans un couvent.

Clovis IV	Childebert III	Dagobert III	Chilpéric II	Thierry IV	Charles Martel	Childéric III
▶ 695 *Pépin de Herstal repousse les Frisons au-delà du Rhin*	▶ 709-712 *Expédition de Pépin contre les Alamans*	▶ 714 *Mort de Pépin II*	▶ 717-725 *Les Sarrasins conquièrent la Septimanie*	▶ 723 *Saint Boniface évêque auprès de Charles Martel*	▶ 732 *Les Sarrasins battus à Poitiers* ▶ 728 *Charles soumet la Bavière*	▶ 742-743 *Épidémie de peste* ▶ 751 *Childéric III déposé. Fin de la dynastie mérovingienne*

Une période anarchique

L'homme fort du régime devient Léger, évêque d'Autun. Mais si les leudes ont voulu se soustraire à la tyrannie d'Ébroïn, ce n'est pas pour tomber sous celle de Léger. Ils tiennent à ce que les différences de coutumes entre les divers royaumes soient maintenues. Seulement, Léger favorise trop les Bourguignons : il connaîtra le même sort qu'Ébroïn. Childéric II assiste sans déplaisir à la destitution de Léger, mais n'en tire aucune leçon. À la fin de l'année suivante, en 675, il humilie un leude neustrien, nommé Badillon. Ce dernier, soutenu par les nobles, l'assassine, alors qu'il chassait dans la forêt de Lognes (près de Chelles). La succession de Childéric II est particulièrement mouvementée. Tour à tour, Thierry III, roi d'Austrasie depuis 673, et Clotaire II sont placés à la tête du royaume franc par les deux rivaux Ébroïn et Léger qui ont été libérés à la mort de Childéric II. Les deux maires du palais se vouent une haine inextinguible qui s'achève en 677-679 par l'assassinat de Léger par Ébroïn. Dans l'anarchie qui règne, l'Aquitaine, sous la direction du comte Eudes, affirme son autonomie.

Quelques membres de la dynastie mérovingienne sont représentés sous la protection du roi Clotaire Ier, assis sur son trône. À sa droite, Childéric II. Grandes Chroniques de Philippe le Hardi, *bibliothèque Sainte-Geneviève, Paris.*

Thierry III

Fils de Clovis II et frère de Childéric II, Thierry III est né en 654. En 675, il reste seul pour régner sur tous les royaumes francs. Sous son règne, l'antagonisme entre la Neustrie et l'Austrasie s'approfondit. Il s'illustre à travers les personnalités du maire du palais de Neustrie, Ébroïn, et de Pépin II de Herstal, petit-fils de Pépin de Landen et maire du palais d'Austrasie et de celui de Bourgogne. Le conflit armé est inévitable. Ébroïn remporte la bataille de Bois-du-Fay en 680. Mais, trois ans plus tard, il est assassiné. Son successeur, Warathon, se fait apprécier par son gouvernement pacifique jusqu'à sa disparition, en 686.

L'ascension des Pippinides

Un an plus tard, Pépin II de Herstal repasse à l'offensive, soutenu par des nobles neustriens qui veulent chasser Thierry III. Ce dernier est battu en 687 à la bataille de Tertry (dans la Somme). Pépin II obtient le majorat de la Neustrie tout en laissant le trône à Thierry III, qui disparaît en 691. Désormais, et pendant vingt-cinq ans, Pépin II de Herstal exerce le pouvoir sur tous les royaumes francs. Mais, connaissant la susceptibilité des leudes, il nomme des maires du palais à la fois originaires de la région et fidèles.

Clovis IV

Fils aîné de Thierry III, Clovis est né en 682. Pépin de Herstal assure la succession en protégeant l'enfant, qui n'est âgé que de dix ans à la mort de son père. Clovis IV n'atteint pas la majorité et meurt à douze ans. Pendant ce temps, Pépin de Herstal a consolidé les frontières au nord et à l'est du royaume en menant des expéditions contre les Frisons, les Alamans et les Bavarois.

Childebert III

Deuxième fils de Thierry III, il est né vers 683. Succédant à son frère Clovis IV, Childebert III n'a que douze ans lors de son avènement. Sa jeunesse est un gage important pour Pépin, qui peut ainsi garder toute sa puissance en tant que maire du palais. Childebert meurt en 711, à l'âge de vingt-huit ans. Il n'aura exercé aucun pouvoir.

Dagobert III

Ce fils de Childebert III est né vers 699. Une nouvelle fois, Pépin de Herstal assure la continuité dynastique avec la désignation de Dagobert III.
Mais, âgé de plus de soixante-dix ans, Pépin de Herstal meurt le 16 décembre 714. Dagobert ne lui survit pas plus d'un mois, puisque le 17 janvier 715 il meurt à son tour. La succession du maire

Clovis	Clotaire Ier	Chilpéric Ier	Clotaire II	Dagobert Ier	**Childéric II**	**Thierry III**
▶ 496 *Conversion de Clovis* ▶ 507-511 *Publication de la loi salique*	▶ 532-534 *Les Francs conquièrent le royaume burgonde* ▶ 536 *Les Francs conquièrent la Provence*	▶ 569-575 *Les Lombards envahissent cinq fois la Gaule* ▶ 578-579 *Les Bretons prennent Vannes, Rennes et Nantes*	▶ 613 *Supplice de Brunehaut*	▶ 630 *Apparition de la règle de saint Benoît en France*	▶ 675 *Les Aquitains se rendent indépendants*	▶ 680 *Pépin de Herstal maire du palais d'Austrasie*

du palais est aussi difficile que celle du roi. En effet, la veuve de Pépin, Plectrude, qui veut placer son petit-fils Théobald, voit se dresser contre elle un enfant illégitime de son mari, dénommé Charles, qu'elle fait aussitôt emprisonner. L'ambitieux Charles (qui ne s'appelle pas encore Charles Martel) est libéré par ses partisans.

Une nouvelle fois, seule la guerre peut départager les Neustriens des Austrasiens. Les premiers placent sur le trône un prince d'une cinquantaine d'années, Chilpéric II, fils de Childéric II, au lieu du descendant direct de Thierry III, à savoir Clotaire IV, que Charles a choisi comme roi et qui n'a que vingt ans.

Chilpéric II

Selon la tradition, Chilpéric II, né vers 670, serait le fils de Childéric II. Il est sorti du couvent en 715 sur ordre du maire du palais de Neustrie, Rainfroi, dont il partage les vicissitudes. Rainfroi s'allie aux Frisons, mais il est vaincu par deux fois par les Austrasiens de Charles en 716, près de Malmédy, puis en 717 à Vincy, près de Cambrai. Rainfroi et Chilpéric II sont contraints de fuir à Paris. C'est le moment choisi par Charles pour s'emparer de la charge de maire du palais de Neustrie et de nommer comme roi Clotaire IV. Mais ce dernier meurt l'année suivante. Les partisans de Rainfroi appellent à l'aide les Aquitains pour se porter ensemble contre l'usurpateur.
En 719, une bataille décisive a lieu près de Soissons. Les troupes de Charles l'emportent. Eudes d'Aquitaine s'enfuit avec Chilpéric II. De son côté, Charles, qui n'a plus de roi potentiel dans la famille des Mérovingiens à opposer à Chilpéric, décide de ne pas se proclamer roi et reconnaît Chilpéric II.
Attitude politique sage qui met fin à la division. Le royaume des Francs est réunifié. Charles est le véritable maître du royaume et il le prouve deux ans plus tard à la mort de Chilpéric en 721 à Attigny.

Thierry IV

Fils de Dagobert III, né vers 713.
Tiré du monastère de Chelles, où il vivait, par le maire du palais Charles, Thierry IV n'a que huit ans lors de son avènement. L'enfant n'a pas conscience de l'apparition d'une nouvelle menace, venue du sud, celle des Arabes, qui à partir de 720 mènent des raids en Septimanie (le Languedoc actuel), s'emparent de Narbonne, puis font le siège de Toulouse (721).

Après la bataille de Tertry (687), Pépin de Herstal, dans son costume de guerrier, se présente à Thierry III et obtient de devenir maire de la Neustrie et de la Bourgogne. Gravure sur cuivre du XIXe siècle.

Clovis IV	Childebert III	Dagobert III	Chilpéric II	Thierry IV	Charles Martel	Childéric III
▶ 695 *Pépin de Herstal repousse les Frisons au-delà du Rhin*	▶ 709-712 *Expédition de Pépin contre les Alamans*	▶ 714 *Mort de Pépin II*	▶ 717-725 *Les Sarrasins conquièrent la Septimanie*	▶ 723 *Saint Boniface évêque auprès de Charles Martel*	▶ 732 *Les Sarrasins battus à Poitiers* ▶ 728 *Charles soumet la Bavière*	▶ 742-743 *Épidémie de peste* ▶ 751 *Childéric III déposé. Fin de la dynastie mérovingienne*

Battus par le duc Eudes d'Aquitaine, ils ne s'implantent pas moins dans la région et, en 724-725, s'emparent de Carcassonne et menacent Nîmes. Puis ils progressent vers le nord par les vallées du Rhône et de la Saône. Le 25 août 725, ils s'emparent de la riche ville d'Autun.

La menace sarrasine

En dépit de ces événements, Charles préfère batailler contre ses voisins turbulents du Nord, les Frisons, et de l'Est, les Alamans. Sur ces deux fronts, il connaît des succès appréciables en 726 : il détruit les temples païens des Frisons et destitue le duc d'Alémanie, Theutbald. Mais la question arabe le rattrape lorsque, rassuré sur ses frontières du Nord, il porte son regard vers le Sud, où son attention est surtout retenue par l'attitude indépendante affichée par le duc d'Aquitaine envers le roi des Francs. En 727-728, Charles mène campagne contre Eudes, qui ne trouve pas d'autre solution que de faire appel à son nouveau voisin du Sud, l'émir d'outre-Pyrénées Othman ben Abi Nessa, en révolte contre son chef Abd al-Rahman. Mais ce dernier réussit à éliminer le rebelle et, sur sa lancée, dirige une nouvelle expédition en Aquitaine au printemps 732. Bordeaux est pris, les églises sont incendiées. La colonne de cavaliers arabes (ou sarrasins) remonte vers Poitiers, qui résiste, puis se dirige vers Tours. Charles se porte au secours de Poitiers et rencontre à vingt kilomètres au nord de la ville, à Moussais, un fort détachement arabe.

La Bataille de Poitiers. *Le peintre a choisi de représenter Charles revêtu d'une armure et portant une couronne à fleurs de lys. Fantaisie d'artiste. Tableau de Ch. Steuben, château de Versailles.*

Eux et Nous

Le maire

Le titre de *maior domus* est d'origine romaine et désigne le responsable de la maison d'un seigneur. Il est le supérieur, le *maior*, des serviteurs. Au Ve siècle, il pouvait même, parfois, être un homme non libre. Deux siècles plus tard, le maire du palais est à la tête de la cour et occupe une fonction politique, et non plus seulement administrative, de chef du personnel de la cour. Sa fonction s'appelle le « majorat ». Plus tard, le « major d'hommes » devient l'égal des princes, premier serviteur puis rival du souverain, avant, sous les Pippinides, de lui prendre sa place. Le terme a ensuite été repris pour désigner le premier personnage de la cité : le maire.

Charles Martel à la bataille de Poitiers

Les adversaires se font face pendant sept jours. Puis, au septième jour, le 17 octobre, la cavalerie arabe se lance à l'assaut de l'armée franque regroupée en carrés compacts. Malgré leur vitesse d'exécution et leur virtuosité, les cavaliers arabes s'épuisent et perdent leur chef Abd al-Rahman. La victoire franque est célébrée avec faste. Charles y gagne un surnom, celui de Charles Martel. Toutefois, elle n'est pas décisive. La pression arabe continue sur le royaume franc. Installés en Septimanie, les Sarrasins multiplient les raids contre la Bourgogne. À la question arabe s'ajoute la question aquitaine, que Charles voudrait régler à son bénéfice. La mort d'Eudes, en 735, lui en offre l'occasion. Il soumet Hunaud, le fils du duc, puis mène en 737 une expédition victorieuse et reconquiert la Septimanie. La mort de Thierry IV la même année pose une nouvelle fois le problème de la succession.

La vacance (737-743)

Pendant sept ans — jusqu'en 741, date de sa mort —, Charles Martel, puis ses fils Carloman et Pépin, qui se partagent le royaume selon le testament de leur père, ne désignent pas

Clovis	Clotaire Ier	Chilpéric Ier	Clotaire II	Dagobert Ier	**Childéric II**	**Thierry III**
▶ 496 *Conversion de Clovis* ▶ 507-511 *Publication de la loi salique*	▶ 532-534 *Les Francs conquièrent le royaume burgonde* ▶ 536 *Les Francs conquièrent la Provence*	▶ 569-575 *Les Lombards envahissent cinq fois la Gaule* ▶ 578-579 *Les Bretons prennent Vannes, Rennes et Nantes*	▶ 613 *Supplice de Brunehaut*	▶ 630 *Apparition de la règle de saint Benoît en France*	▶ 675 *Les Aquitains se rendent indépendants*	▶ 680 *Pépin de Herstal maire du palais d'Austrasie*

Charles Martel

Charles Martel voit le jour vers 688. Il est le fils illégitime de Pépin de Herstal, maire du palais d'Austrasie, qui deviendra par la suite le maître de tout le royaume franc. À la mort de Pépin de Herstal, en 714, son successeur est son petit-fils Théodoald, protégé par sa veuve, Plectrude, qui fait emprisonner Charles Martel. Mais il réussit à s'évader en 715 et soulève les Austrasiens contre les Neustriens, qu'il bat successivement en 716, 717 et 719, devenant maître des deux territoires. Sous sa tutelle règnent Chilpéric II (715-717) et Clotaire IV (717-720). En 721, il place sur le trône un enfant, Thierry IV, mais c'est encore lui qui gouverne en qualité de maire du palais.
De 720 à 730, Charles Martel s'engage dans une vaste offensive en Germanie. Il bat les Saxons et les Frisons, installés le long de la mer du Nord et, plus au sud, soumet la Thuringe, la Bavière et l'Alémanie. Mais le danger surgit à l'intérieur du pays : les Sarrasins, qui occupent déjà l'Espagne, s'avancent dans le sud de la France. En octobre 732, aux environs de Poitiers, il remporte sa célèbre victoire contre les musulmans, dirigés par Abd al-Rahman.
Selon la tradition, c'est après cette bataille que Charles a pris le surnom de « Martel », parce qu'il écrasait les ennemis comme avec un marteau. En tout cas, l'avancée des Sarrasins en Europe est stoppée. Charles profite de son succès pour soumettre l'Aquitaine (736), puis la Bourgogne et la Provence (739).
À la mort de Thierry IV, en 737, il ne nomme pas de successeur. Le maître absolu du royaume, c'est lui.
Pour entretenir son armée, il met la main sur les richesses de l'Église et sur ses terres, qu'il distribue à ses vassaux. D'autre part, il n'hésite pas à destituer, exiler ou emprisonner des évêques qu'il juge de dangereux adversaires. Pourtant, l'Église le considère comme un soutien, car il a envoyé son armée en Germanie pour protéger saint Boniface, chargé de la conversion des Germains.
Charles Martel meurt le 22 octobre 741. Les territoires qu'il domine sont partagés entre ses deux fils légitimes, Carloman et Pépin (le futur Pépin le Bref). Il attribue aussi quelques terres à son fils naturel, Grifon.

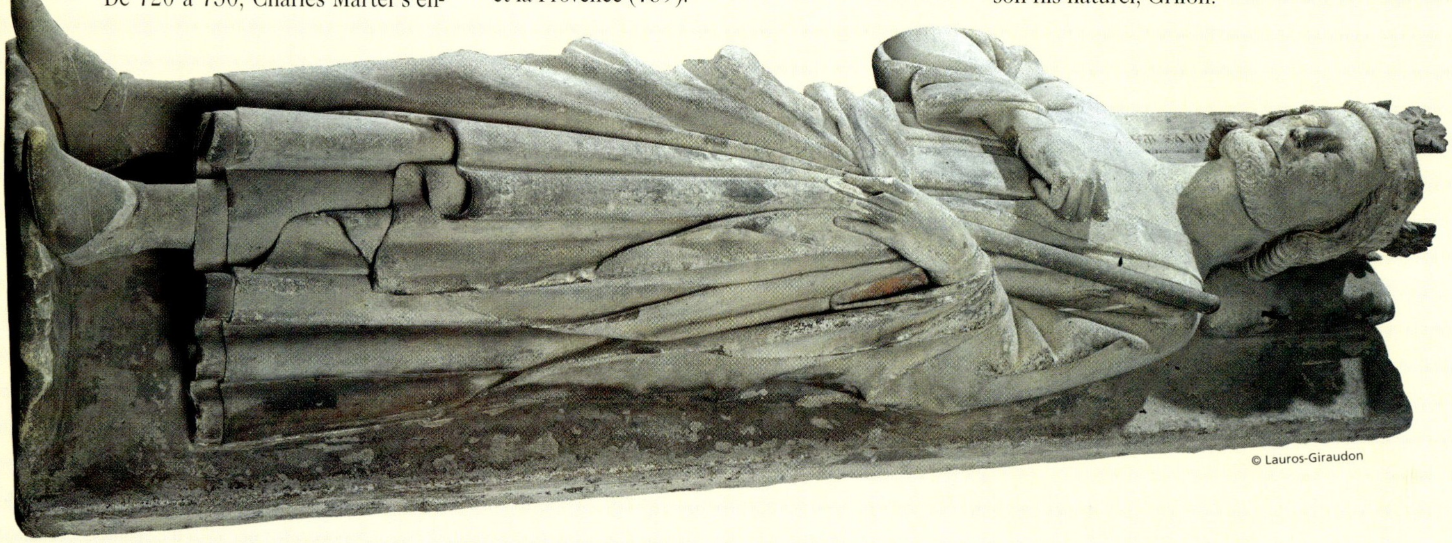
© Lauros-Giraudon

Le tombeau de Charles Martel, qui ne fut pourtant jamais roi, se trouve dans la basilique Saint-Denis, où sont enterrés les rois de France. L'histoire reconnaît ainsi le rôle primordial qu'il a joué dans la France de son époque.

de successeur à Thierry IV. De 737 à 741, Charles, qui associe ses fils au pouvoir, réussit à repousser les Sarrasins en Narbonnaise. Le pape lui donne le titre de *regulus* (vice-roi). Il meurt dans sa villa de Quierzy-sur-Oise, à l'âge de cinquante-six ans. Ses deux fils agissent de concert pour que la succession se passe dans les meilleures conditions. En 742, ils soumettent l'Aquitaine et l'Alémanie. Et, l'année suivante, ils décident de rétablir les Mérovingiens.

Childéric III

Fils de Chilpéric II et oncle de Thierry IV, né vers 714, Childéric III est nommé par Carloman et Pépin en 743, alors qu'il vit depuis de nombreuses années dans une abbaye.
Les deux frères continuent à guerroyer avec succès contre les Aquitains et les Bavarois, quand, en 745, Carloman, las des guerres, annonce à son frère qu'il désire quitter le pouvoir et se retirer dans un monastère pour y servir Dieu selon la règle de saint Benoît.

Naissance d'une dynastie royale

Pépin, devenu seul maire du palais pour l'Austrasie, la Neustrie et la Bourgogne, exerce un pouvoir sans limite et aspire au titre de roi. Mais celui que l'on appelle « le Bref » du fait de sa petite taille est un politique avisé.

Il préfère l'adhésion de tous au coup d'État. En 750, il sonde le pape sur ses prétentions et, en 751, convoque à Soissons une assemblée des leudes et des évêques. Tous soutiennent son initiative. En novembre, Pépin le Bref est hissé sur le pavois et reçoit l'onction sainte des mains de l'archevêque Boniface. Childéric III et son fils sont envoyés dans un monastère.
Les Mérovingiens ont vécu. Pépin a réalisé le rêve de sa lignée.

Clovis IV	Childebert III	Dagobert III	Chilpéric II	Thierry IV	Charles Martel	Childéric III
▶ 695 *Pépin de Herstal repousse les Frisons au-delà du Rhin*	▶ 709-712 *Expédition de Pépin contre les Alamans*	▶ 714 *Mort de Pépin II*	▶ 717-725 *Les Sarrasins conquièrent la Septimanie*	▶ 723 *Saint Boniface évêque auprès de Charles Martel*	▶ 732 *Les Sarrasins battus à Poitiers* ▶ 728 *Charles soumet la Bavière*	▶ 742-743 *Épidémie de peste* ▶ 751 *Childéric III déposé. Fin de la dynastie mérovingienne*

Les Carolingiens

AN 751…	LES CAROLINGIENS					
Pépin le Bref *715-768* Roi des Francs 751-768	**Charlemagne** *747-814* Roi des Francs 768-814 Empereur 800-814 ***Carloman*** *751-771* *Roi des Francs 768-771*	**Louis Ier le Pieux** *778-840* Empereur d'Occident 814-840	**Charles II le Chauve** *823-877* Roi de Francie occidentale 843-877 Empereur d'Occident 875-877	**Louis II le Bègue** *846-879* Roi des Francs 877-879	**Louis III** *863-882* Roi des Francs 879-882	**Carloman** *867-884* Roi de France 879-884

LES CAROLINGIENS						... AN 987
Charles III le Gros	Eudes	Charles III le Simple	Raoul	Louis IV d'Outremer	Lothaire	Louis V le Fainéant
839-888	860-898	879-929	? -936	920-954	941-986	967-987
Empereur d'Occident 881-887 Roi de France 884-887	Roi de France 888-898	Roi de France 893-923	Roi de France 923-936	Roi de France 936-954	Roi de France 954-986	Roi de France 986-987

Pépin le Bref

Pépin le Bref met fin à la dynastie mérovingienne pour fonder celle des Carolingiens. Sacré roi par le pape en personne, il conquiert les territoires du futur État pontifical. Après la conquête de la Septimanie et de l'Aquitaine, il devient le seul maître de l'ancienne Gaule romaine. Mais son plus grand titre de gloire est sans doute d'être le père de Charlemagne.

© Lauros-Giraudon

Pépin le Bref (vers 715-768). Détail du gisant de son tombeau à la basilique Saint-Denis.

Une affaire de maires du palais

Fils cadet de Charles Martel et de Rotrude, Pépin III dit le Bref (certainement en raison de sa petite taille) naît vers 715. À la mort de son père, en 741, il devient maire du palais de Bourgogne, de Neustrie et de Provence ; son frère Carloman hérite de l'Austrasie, de l'Alémanie et de la Thuringe. Vers 744, Pépin épouse une lointaine cousine, Berthe au grand pied. Ils auront plusieurs enfants, dont l'aîné, Charles, sera le futur Charlemagne.

Une collaboration efficace

Les deux frères consolident leur position à la tête du royaume. Ils emprisonnent leur demi-frère Grifon et répriment les révoltes qui ont éclaté à la mort de Charles Martel, notamment chez les Alamans (en 742, 744, 746). Pour éviter des rébellions de seigneurs encore favorables aux Mérovingiens, ils nomment un roi, Childéric III (743), mais celui-ci

Pépin le Bref	Charlemagne	Louis Ier le Pieux	Charles II le Chauve	Louis II le Bègue	Louis III	Carloman
▶ 756 *Prise de Ravenne aux Lombards*	▶ 778 *Bataille de Roncevaux* ▶ 795 *Prise de Barcelone*	▶ 817 *Reconnaissance de la souveraineté du pape sur ses territoires*	▶ 842 *Serments de Strasbourg* ▶ 843 *Traité de Verdun*	▶ 800-850 *Premières incursions des Vikings en Normandie*	▶ 882 *Victoire sur les Normands, Saucourt-en-Vimeu*	▶ 884 *Prise d'Amiens par les Normands ; paiement du premier tribut*

La conquête du domaine pontifical

Partis de l'Elbe au Vᵉ siècle, les Lombards conquièrent de vastes terres en Italie. Ils forment plusieurs duchés, mais pas un vrai État. Devenus chrétiens, ils se disent défenseurs du pape et poursuivent les conquêtes. Ils s'emparent de Bologne (728), de Ravenne (751) et menacent à deux reprises Rome. Le pape fait alors alliance avec Pépin, qui, après sa victoire de 756, se voit remettre par le roi lombard Aistolf les clefs de vingt-deux villes. Le territoire libéré s'étend de Rome à Ravenne et constitue désormais le patrimoine du pape.

n'a pas le moindre pouvoir. Ils apportent leur soutien au moine Boniface — le futur saint Boniface — dans l'évangélisation de la Germanie et dans la réforme de l'Église franque par le concile germanique (en 742 ou 743).

Pépin seul maître du royaume

En 747, Carloman décide de se consacrer à la vie monastique. Pépin, seul maître du royaume, réprime une révolte en Bavière (748-749) et décide de franchir le pas décisif : destituer un roi impuissant et exercer lui-même la royauté.

« Le roi Pépin, fils de Charles Martel », dit la légende de cette illustration tirée des Grandes Chroniques de France *de G. de Nangis.*

Saint Boniface, l'apôtre de Germanie

Saint Boniface évangélisant les Germains. Lithographie du XIXᵉ siècle.

Wynfrith, un moine anglo-saxon né vers 670, rêve de « pérégriner pour le Christ » et de quitter son pays pour obtenir son salut. À Rome, le pape Grégoire II (719) change son nom en celui de Boniface et le charge d'évangéliser les peuples de la Germanie. Pendant des années, protégé par l'armée franque, Boniface convertit des milliers de païens en Hesse, Thuringe et Bavière. Archevêque de Mayenne (745), il se retire à soixante ans dans le monastère de Fulda, qu'il fonde dans une région proche de redoutables païens saxons. Mais il repart bientôt en mission en Frise, sur la mer du Nord, où lui et ses disciples sont massacrés en 754.

Charles III le Gros	Eudes	Charles III le Simple	Raoul	Louis IV d'Outremer	Lothaire	Louis V le Fainéant
▶ 885-886 *Premier siège de Paris par les Normands*	▶ 889 *Deuxième siège de Paris par les Normands*	▶ 910 *Fondation de l'abbaye de Cluny* ▶ 911 *Le Viking Rollon reçoit un duché dans la région de Rouen*	▶ 923 *Mort de Robert Iᵉʳ à la bataille de Soissons*	▶ 946 *Construction de la cathédrale de Clermont-Ferrand*	▶ 954 *Hugues le Grand devient duc de Bourgogne et d'Aquitaine* ▶ 978 *Othon Iᵉʳ prend la Lorraine*	▶ 987 *Fin de la dynastie carolingienne*

Le Sacre de Pépin le Bref dans l'abbaye de Saint-Denis. *En 754, Pépin le Bref fit bâtir une nouvelle église sur la base de l'ancienne, construite par Dagobert. Tableau de Fr. Dubois, château de Versailles.*

L'aristocratie du pays et ses puissants conseillers religieux le soutiennent. Toutefois, il recherche l'appui du pape Zacharie. Il sait que le moment lui est favorable : l'armée franque protège l'évangélisation de la Germanie. De plus, le pape a besoin de son aide militaire face aux Lombards, qui sont en train de conquérir l'ensemble de la péninsule italienne.
Si la papauté se retrouve à l'intérieur de leur territoire, le pape pourrait devenir un simple évêque lombard.
Aux émissaires de Pépin, le pape répond qu'« il vaut mieux appeler roi celui qui a, plutôt que celui qui n'a pas le pouvoir royal ». Pépin comprend le message et se sent libre d'agir.

Un sacrement chargé de symboles

Childéric III, le dernier Mérovingien, est donc destitué, tondu et enfermé à vie dans un monastère. En 751, Pépin se fait désigner roi des Francs à Soissons : d'abord par les grands du royaume, selon les traditions des Francs (il est porté sur le pavois), puis par les évêques francs. Pour finir, Pépin se fait oindre par Boniface, sacrement religieux qui consiste à toucher le front ou les mains avec les saintes huiles.
La dynastie des Carolingiens (dont le nom vient de *Carolus*, Charles en latin) est née et va gouverner la France jusqu'à la fin du Xe siècle.

Sacré à nouveau par le pape

Les Lombards sont si menaçants que le nouveau pape, Étienne II, vient à Ponthierry demander l'aide de Pépin. En échange, il consent à le sacrer roi, en même temps que ses deux fils, en 754, à Saint-Denis. Ce second sacre donne à la dynastie une valeur religieuse : le roi est à la fois reconnu par le peuple et élu par Dieu. Ainsi, l'hérédité de la royauté est établie. Pépin à son tour honore ses engagements et part en guerre en Italie contre les Lombards. Il bat leur roi Aistolf à deux reprises, en 754 et 756, et finit par le tuer. Il conquiert Ravenne et d'autres villes et les offre au pape, donnant ainsi un territoire au futur État pontifical.

Pépin le Bref	Charlemagne	Louis Ier le Pieux	Charles II le Chauve	Louis II le Bègue	Louis III	Carloman
▶ 756 *Prise de Ravenne aux Lombards*	▶ 778 *Bataille de Roncevaux* ▶ 795 *Prise de Barcelone*	▶ 817 *Reconnaissance de la souveraineté du pape sur ses territoires*	▶ 842 *Serments de Strasbourg* ▶ 843 *Traité de Verdun*	▶ 800-850 *Premières incursions des Vikings en Normandie*	▶ 882 *Victoire sur les Normands, Saucourt-en-Vimeu*	▶ 884 *Prise d'Amiens par les Normands; paiement du premier tribut*

Pépin le Bref et le pape Étienne II (reconnaissable à sa tiare) battent Aistolf, le roi des Lombards. Gravure sur cuivre du XVIIe siècle.

Un roi franc à la tête de l'ancienne Gaule

Après une longue campagne (752-759), Pépin enlève la Septimanie aux Sarrasins. Par la suite, il annexe l'Aquitaine, malgré une résistance acharnée (760-768) qui se termine par l'assassinat du duc aquitain Waifre. Pépin est ainsi le premier roi franc à devenir souverain de l'ancienne Gaule romaine.

Pépin le réformateur

Pépin le Bref poursuit la politique de réforme de l'Église en adoptant la liturgie — le culte officiel établi par une Église — romaine et étend la levée de la dîme — impôt sur les récoltes anciennement prélevé par l'Église — à tout le royaume. Il remanie la justice et réglemente la frappe de la monnaie, qui se fera désormais exclusivement par les soins du roi.

Pépin le Bref meurt en 768 à Saint-Denis, où il est enterré. Auparavant, il a pris la précaution de partager son royaume entre ses deux fils Charles et Carloman.

Lui et Nous

Berthe au grand pied, héroïne de roman

Berthe – ou Berte, ou encore Bertrade – au grand pied est connue, entre autres, pour être l'héroïne d'un récit mis en vers par un trouvère célèbre, Adenet. Il raconte l'histoire d'une princesse lointaine, venant de Hongrie pour épouser Pépin. Mais, lors du mariage, on lui substitue une rivale, qui lui ressemble point pour point. Sauf… qu'elle a le pied trop petit ! Pépin reconnaît ainsi sa véritable fiancée, qu'il épouse et qui deviendra la mère de l'empereur Charlemagne.

La reine Berthe filant au fuseau. Berthe au grand pied, dite aussi Berthe la Fileuse, n'était pas une princesse lointaine, comme dans la légende, mais la fille de Caribert, comte de Laon.

Charles III le Gros	Eudes	Charles III le Simple	Raoul	Louis IV d'Outremer	Lothaire	Louis V le Fainéant
▶ **885-886** *Premier siège de Paris par les Normands*	▶ **889** *Deuxième siège de Paris par les Normands*	▶ **910** *Fondation de l'abbaye de Cluny* ▶ **911** *Le Viking Rollon reçoit un duché dans la région de Rouen*	▶ **923** *Mort de Robert Ier à la bataille de Soissons*	▶ **946** *Construction de la cathédrale de Clermont-Ferrand*	▶ **954** *Hugues le Grand devient duc de Bourgogne et d'Aquitaine* ▶ **978** *Othon Ier prend la Lorraine*	▶ **987** *Fin de la dynastie carolingienne*

Charlemagne

Charlemagne crée un immense empire qu'il contrôle et dirige d'une main de fer. Il l'organise par des lois écrites, les capitulaires, et tente d'unifier par la christianisation la mosaïque de peuples qui l'habitent. Souverain moderne, il sera le premier à créer des écoles ouvertes à tous les enfants. En l'an 800, il est sacré empereur par le pape.

Le grand peintre et graveur allemand Albrecht Dürer a réalisé un portrait de Charlemagne (747-814) empreint de force et de grandeur. Cette œuvre n'est cependant pas réaliste : Charlemagne ne portait pas de barbe mais seulement la grosse moustache traditionnelle des Francs.

Un héritage en deux temps

À la mort de son père, Pépin le Bref, en 768, Charles Ier le Grand, dit Charlemagne (du latin *Carolus Magnus*), hérite de parts de l'Austrasie, de la Neustrie et de l'Aquitaine. Le reste du royaume revient à son frère Carloman, qui meurt en 771. Charlemagne occupe alors ses terres et se retrouve à la tête d'un vaste royaume ; au prix de guerres incessantes, il l'agrandira pour créer un véritable empire.

Pépin le Bref	**Charlemagne**	Louis Ier le Pieux	Charles II le Chauve	Louis II le Bègue	Louis III	Carloman
▶ 756 *Prise de Ravenne aux Lombards*	▶ 778 *Bataille de Roncevaux* ▶ 795 *Prise de Barcelone*	▶ 817 *Reconnaissance de la souveraineté du pape sur ses territoires*	▶ 842 *Serments de Strasbourg* ▶ 843 *Traité de Verdun*	▶ 800-850 *Premières incursions des Vikings en Normandie*	▶ 882 *Victoire sur les Normands, Saucourt-en-Vimeu*	▶ 884 *Prise d'Amiens par les Normands ; paiement du premier tribut*

La Chanson de Roland

Après l'expédition de 778 en Espagne, les soldats francs traversent les Pyrénées pour rentrer au pays. L'arrière-garde est commandée par Roland, comte de la marche de Bretagne. Au col de Roncevaux, ils sont surpris par des brigands basques. Le passage est étroit, l'embuscade bien tendue et la bataille sanglante. Le chevalier Roland, neveu (ou fils illégitime ?) de Charlemagne, est tué. Bien qu'il ne s'agisse pas d'une véritable défaite militaire, cet épisode est devenu très célèbre depuis qu'il a été raconté dans *la Chanson de Roland,* un long poème écrit vers la fin du Xᵉ siècle pour être chanté.

Les premiers conflits

À la demande du pape Adrien Iᵉʳ, Charlemagne intervient en Italie en 773 contre le roi lombard Didier, qui a déclenché la guerre contre la papauté. Il piège son adversaire dans la cité de Pavie et, après un long siège, l'oblige à se rendre, en 774. Devenu maître d'une partie de l'Italie, Charlemagne se proclame alors roi des Lombards. Une longue guerre va pourtant s'ensuivre pour soumettre complètement l'État lombard, à la tête duquel il désigne son fils Pépin, en 781. La même année, des révoltes en Aquitaine l'obligent à reconnaître la particularité de la région et à créer un royaume à la tête duquel il place son autre fils, Louis.

Vainqueur des Saxons

Après avoir annexé la Bavière, Charlemagne s'attaque aux Saxons, contre lesquels il va se battre pendant trente ans. Bien qu'au départ, en 772, il ait appliqué une politique pacifique pour tenter de convertir ce peuple païen, il se voit vite obligé d'y associer des expéditions militaires, de 774 à 776. Il organise la Saxe comme une province franque, mais des révoltes éclatent en 779 et 782 et son armée subit un vrai désastre. Charlemagne contre-attaque et fait décapiter 4 500 Saxons. Après deux ans de campagnes, de massacres et de prises d'otages, le roi saxon Widukind jure fidélité à Charlemagne et, en 785, se fait baptiser. Pourtant, les révoltes continuent jusqu'en 797. Pour en finir, Charlemagne déporte des milliers de Saxons dans le pays franc. Leurs terres sont données à des Francs ou aux monastères. La Saxe est enfin soumise.

Encore plus à l'est

En Pannonie, à l'est du Danube, les Avars, peuple venu de l'Asie centrale, multiplient les raids et amassent un fabuleux butin. Charlemagne les attaque en 789, envahit et dévaste le pays plusieurs fois, de 791 à 796, avant de les soumettre et de récupérer leur considérable trésor.

Conflits au sud et à l'ouest

Charlemagne traverse les Pyrénées en 778 pour chasser les Sarrasins, qui occupent l'Espagne. Malgré la soumission de quelques chefs maures, il échoue devant Saragosse. Il repart combattre les Saxons, mais revient à partir de 785 avec une nouvelle stratégie : il avance par petites étapes et occupe chaque fois une place forte : Gérone en 785, Barcelone en 801, Pampelune en 806. Il établit ainsi une zone tampon de 150 km au sud des Pyrénées, la marche d'Espagne, le nom de « marche » désignant un territoire récemment conquis qui se trouve aux frontières les plus

À Paderborn, le chef saxon Widukind se soumet à Charlemagne. Tableau de A. Scheffer. Galerie des Batailles, Versailles.

Charles III le Gros	Eudes	Charles III le Simple	Raoul	Louis IV d'Outremer	Lothaire	Louis V le Fainéant
▶ **885-886** *Premier siège de Paris par les Normands*	▶ **889** *Deuxième siège de Paris par les Normands*	▶ **910** *Fondation de l'abbaye de Cluny* ▶ **911** *Le Viking Rollon reçoit un duché dans la région de Rouen*	▶ **923** *Mort de Robert Iᵉʳ à la bataille de Soissons*	▶ **946** *Construction de la cathédrale de Clermont-Ferrand*	▶ **954** *Hugues le Grand devient duc de Bourgogne et d'Aquitaine* ▶ **978** *Othon Iᵉʳ prend la Lorraine*	▶ **987** *Fin de la dynastie carolingienne*

exposées (marche d'Espagne, marche des Avars, marche de Bretagne, etc.). À l'ouest, les expéditions des Francs commandées par son fils aîné, Charles le Jeune, n'arrivent pas à bout des Bretons, toujours insoumis. Le danger peut aussi venir de la mer. Charlemagne organise la défense des côtes et fait construire des flottes qui parcourent l'Atlantique et la Méditerranée afin de contrer les Normands et les pirates sarrasins.

L'organisation de l'empire

L'empire est organisé de manière pyramidale : à la base, le territoire est divisé en comtés (300 environ). Le comte collecte les impôts, rend la justice et fournit des soldats à l'empereur. Pour éviter les abus et les injustices, les comtes sont surveillés, mais aussi conseillés par des évêques et des moines des grands monastères. Nommés par le roi, ceux-ci ont un pouvoir très important. Au-dessus d'eux, se trouvent les *missi dominici* (« envoyés du maître »), des représentants spéciaux de l'empereur qui enquêtent, contrôlent (y compris les évêques) et vérifient si les lois sont appliquées. Ils se déplacent à deux (un laïque et un évêque) à l'intérieur d'une zone précise, et cela dans tout l'empire. Au sommet de la pyramide, l'empereur se réunit avec ses notables : il propose, demande des suggestions et prend les décisions. Celles-ci ne sont plus des ordres oraux, mais de vraies lois écrites, les *capitulaires*. Elles concernent tous les domaines et montrent la volonté du roi d'unifier son empire. Elles sont pourtant difficiles à appliquer, car chaque peuple a ses propres lois orales que l'empereur ne peut négliger. Charlemagne est aussi le premier roi à avoir imposé dans tout son royaume une monnaie unique.

Dans le palais d'Aix-la-Chapelle, la loge de l'empereur abrite le trône en marbre de Charlemagne.

Une nouvelle capitale pour l'empire

Charlemagne découvre une ancienne station thermale romaine à Aix-la-Chapelle, près de Cologne. Séduit par le lieu, il en fait sa capitale en 796. Son palais est dominé par la chapelle Palatine, de forme octogonale, construite sur le modèle byzantin, la plus monumentale des églises construites au nord des Alpes. Il appelle auprès de lui Alcuin, un moine d'origine anglo-saxonne, qui sera son principal conseiller. Il le charge de la création de l'école du Palais, pour la formation de futurs serviteurs de l'État. Le prestige de l'école est énorme, attirant des savants de toute l'Europe, comme Pierre de Pise, le Lombard Paul Diacre ou l'Espagnol Théodulf.

Charlemagne et l'Église

Pour Charlemagne, la religion chrétienne est le moyen le plus sûr pour unifier les peuples de son empire. Véritable maître de l'Église, il contrôle la nomination des évêques, réunit les conciles et participe aux discussions religieuses. Il surveille la conversion des païens, transmet aux fidèles les règles à respecter par les capitulaires et suit l'application de ses décisions, jusqu'à Rome, par les *missi dominici*.

Carloman

Carloman, frère cadet de Charlemagne, naît vers 751 près de Laon. À la mort de son père, il reçoit la partie occidentale du royaume et le titre de roi des Francs, comme son frère. Les deux frères ne s'entendent pas. En 769, Carloman refuse toute aide à Charlemagne, qui doit réprimer seul une révolte en Aquitaine. Didier, le roi lombard, cherche à profiter de la rivalité entre les deux frères : il marie sa fille Gerberge avec Carloman, espérant son aide pour dominer l'Italie. Mais Carloman meurt soudainement en 771. Sa femme et ses enfants se réfugient en Lombardie, que Charlemagne envahit en 773. Après la défaite de Didier, Charlemagne capture Gerberge et ses enfants à Vérone (774) et les enferme dans un monastère.

Il arbitre aussi les affaires de la papauté. En 799, il intervient en faveur du pape Léon III qui, mis en prison par ses adversaires, réussit à s'évader et se réfugie auprès du roi franc. Charlemagne le rétablit à Rome et, le jour de Noël 800, se fait couronner par le pape empereur de l'Occident.

Charlemagne et l'Empire d'Orient

À Constantinople, l'impératrice d'Orient Irène, prend le pouvoir en 797 et engage des pourparlers avec Charlemagne. On discute d'un projet audacieux : l'union des Empires d'Orient et d'Occident par le mariage des deux empereurs. Cette idée ne se réalisera pas : en 802, Irène est renversée, exilée, et elle meurt l'année suivante.

Portrait de Charlemagne

Selon son biographe Éginhard, Charlemagne est d'une taille d'environ 1,90 m ; avec sa large et robuste carrure, ses grands yeux vifs et son imposante moustache, il donne une impression de dignité et d'autorité. Très actif, il pratique la natation et l'équitation. Il aime les arts et écoute souvent de la musique. Il a un don pour les langues : il maîtrise celles de la Neustrie et de l'Austrasie, parle et lit le latin et comprend le grec.

Pépin le Bref	**Charlemagne**	Louis Ier le Pieux	Charles II le Chauve	Louis II le Bègue	Louis III	Carloman
▶ **756** *Prise de Ravenne aux Lombards*	▶ **778** *Bataille de Roncevaux* ▶ **795** *Prise de Barcelone*	▶ **817** *Reconnaissance de la souveraineté du pape sur ses territoires*	▶ **842** *Serments de Strasbourg* ▶ **843** *Traité de Verdun*	▶ **800-850** *Premières incursions des Vikings en Normandie*	▶ **882** *Victoire sur les Normands, Saucourt-en-Vimeu*	▶ **884** *Prise d'Amiens par les Normands ; paiement du premier tribut*

© Musée Condé, Chantilly/Giraudon

Charlemagne partage son royaume entre ses trois enfants. Miniature tirée des Chroniques des rois de France. *Musée Condé, Chantilly.*

En revanche, il est maladroit pour écrire : comme tout Franc, il a plutôt appris à manier l'épée que la plume, qui casse entre ses puissantes mains... Sa première épouse, Désirée, fille du roi lombard Didier, est répudiée par Charlemagne dès que son père reprend la guerre. Charlemagne épouse alors Hildegarde, une princesse souabe (région du sud de l'Allemagne), la seule qui lui donnera des fils parmi les onze enfants qu'elle engendrera. Après la mort d'Hildegarde en couches, il se marie avec Fastrée (ou Fastrade) — qui lui donne deux filles —, puis, une fois celle-ci décédée, avec Liutgardis (ou Liedgarde), femme pieuse et instruite. Après le décès de cette dernière, Charlemagne ne se marie plus, mais ses concubines lui donneront encore sept enfants. Père très affectueux, mais aussi vigilant, il surveille l'éducation de ses enfants. Il aime se retrouver au milieu de sa progéniture : ils mangent ensemble, et s'adonnent à des parties de chasse ou à de longues chevauchées.

Une vie longue et passionnante

En 806, le souverain partage l'empire entre ses trois fils, Charles, Pépin et Louis. En 813, il fait sacrer son benjamin, Louis, après la disparition des deux aînés. Il meurt en 814, à soixante-deux ans, après un règne sans partage de quarante-trois ans, le plus long de tous les Carolingiens. Il est inhumé dans la chapelle Palatine d'Aix.

Lui et Nous

Charlemagne et l'école

Encouragé par Alcuin, Charlemagne met fin à l'ignorance qui régnait à l'époque mérovingienne, durant laquelle même de nombreux prêtres étaient illettrés. S'il n'a pas « inventé » l'école, il a largement contribué à mettre l'instruction à portée de tous.

Par un capitulaire – une loi écrite – de 789, il crée des lieux d'études dans les monastères, les bourgs et les villages. Grande innovation : ils sont gratuits et ouverts à tous. Les matières à enseigner sont précisées, comme lire, écrire et compter, pour les plus petits. Au-dessus, les écoles épiscopales sont équipées d'une bibliothèque et d'un « atelier » dans lequel l'usage de la *caroline*, une nouvelle forme d'écriture plus rapide à tracer, permet de copier davantage de textes.

© Jean-Loup Charmet

Charlemagne visite une école. Illustration tirée du Premier Livre d'histoire de France, *A. Aymard, Hachette, 1933.*

Charles III le Gros	Eudes	Charles III le Simple	Raoul	Louis IV d'Outremer	Lothaire	Louis V le Fainéant
▶ **885-886** *Premier siège de Paris par les Normands*	▶ **889** *Deuxième siège de Paris par les Normands*	▶ **910** *Fondation de l'abbaye de Cluny* ▶ **911** *Le Viking Rollon reçoit un duché dans la région de Rouen*	▶ **923** *Mort de Robert Ier à la bataille de Soissons*	▶ **946** *Construction de la cathédrale de Clermont-Ferrand*	▶ **954** *Hugues le Grand devient duc de Bourgogne et d'Aquitaine* ▶ **978** *Othon Ier prend la Lorraine*	▶ **987** *Fin de la dynastie carolingienne*

Louis V le Fainéant

Louis V le Fainéant (967-987). Gravure sur cuivre du XVIIe siècle.

Le dernier roi carolingien n'aura régné qu'un an. Ce que nous savons de la suite pourrait nous faire négliger ce règne. Mais, lorsqu'il monte sur le trône, Louis n'apparaît pas comme un perdant. Pour ses contemporains, il incarne le renouveau possible de la royauté carolingienne. Formé par son père au métier de roi, Louis est un jeune homme vigoureux et prêt à lutter.

Une succession bien préparée

Lothaire, qui se méfiait des appétits de Hugues Capet, avait pris soin de faire sacrer dès 978 son fils Louis, né en 967 de son mariage avec Emma, fille du roi d'Italie Lothaire, de sorte que sa succession ne lui soit pas contestée. Étant donné les événements qui s'étaient déroulés tout au long du Xe siècle, la précaution n'était pas superflue ! De fait, à la mort de Lothaire, en 986, la succession se fait sans peine et, cette fois, sans aucun marchandage. À croire que les Carolingiens ont à nouveau le vent en poupe !

Un fainéant énergique !

Si, après sa mort, on a donné à Louis V le surnom de « Fainéant » — « celui qui ne fait rien » —, c'est simplement parce qu'il n'a pas eu le temps de faire quoi que ce soit, et non pas, comme on pourrait le croire, parce qu'il était d'un naturel paresseux. Louis est même tout le contraire !

Son premier objectif est de neutraliser l'archevêque de Reims Adalbéron, qui complote depuis des années contre le roi des Francs. Louis convoque une cour de justice extraordinaire composée de tous les grands du royaume pour le juger comme traître. Le roi pouvait-il obtenir gain de cause contre l'archevêque allié de l'empereur de Germanie Othon ? On ne le saura jamais, car Louis meurt en mai 987, à peine âgé de vingt ans, d'un accident de chasse. De son mariage contracté en 981 avec Adélaïde, fille du comte d'Anjou, il n'a pas eu d'enfant. C'est la fin de la longue agonie de la dynastie carolingienne.

Louis V et son épouse, Adélaïde d'Anjou.

Adalbéron, un personnage clef

Homme d'influence, Adalbéron appela auprès de lui Gerbert d'Aurillac, qui deviendra pape sous le nom de Sylvestre II. Portrait du pape Sylvestre portant la tiare.

Adalbéron, archevêque de Reims, va jouer un rôle clef dans l'élection de Hugues Capet. Depuis le règne de Lothaire, ce prélat menait une opposition sans faille au clan carolingien. Issu d'une grande famille de Lorraine, Adalbéron est né entre 920 et 930 et a été élevé dans un monastère de la région, placé sous le contrôle de son oncle, évêque de Metz. C'est Lothaire qui choisit Adalbéron, en 969, comme archevêque de Reims. Lorsque les relations entre Othon II et Lothaire se dégradent, Adalbéron prend parti pour l'empereur. Cela l'amène à se rapprocher de Hugues Capet, allié naturel d'Othon.

Pépin le Bref	Charlemagne	Louis Ier le Pieux	Charles II le Chauve	Louis II le Bègue	Louis III	Carloman
▶ **756** *Prise de Ravenne aux Lombards*	▶ **778** *Bataille de Roncevaux* ▶ **795** *Prise de Barcelone*	▶ **817** *Reconnaissance de la souveraineté du pape sur ses territoires*	▶ **842** *Serments de Strasbourg* ▶ **843** *Traité de Verdun*	▶ **800-850** *Premières incursions des Vikings en Normandie*	▶ **882** *Victoire sur les Normands, Saucourt-en-Vimeu*	▶ **884** *Prise d'Amiens par les Normands ; paiement du premier tribut*

DES ROBERTIENS AUX CAPÉTIENS

Hugues Capet va bientôt monter sur le trône de Francie occidentale. C'est l'aboutissement de la longue ascension d'une famille au destin exceptionnel : les Robertiens.

Robert le Fort

La famille doit son nom à Robert le Fort, personnage fameux du IXe siècle. C'est un Franc originaire de Francie orientale, un noble, membre de l'élite carolingienne. Aux alentours de 830, il migre vers la Francie occidentale. En 853, il est *missus dominici*, c'est-à-dire haut fonctionnaire, dans le Maine, en Anjou et en Touraine. Après une brouille temporaire avec le roi Charles le Chauve, il devient son fidèle soutien. Charles lui confie les comtés d'Anjou et de Blois et, en 861, la mission de défendre toute la région située entre la Seine et la Loire : la Neustrie. Mission dont il s'acquitte avec brio. Son héroïsme dans la défense de Paris contre les Normands lui apporte la gloire. Son fils Eudes est associé à ces combats, ce qui lui vaudra d'accéder à la royauté en 888, élu par les grands feudataires. (Voir article « Eudes ».)

L'apogée : le roi Robert Ier et Hugues le Grand

Le règne d'Eudes permet au clan robertien de se renforcer. En particulier, le roi nomme son frère Robert marquis de Neustrie et ce dernier deviendra même roi en 922.

Sous Robert Ier, puis Hugues le Grand, la Neustrie est l'État le mieux administré de l'Occident. Contrairement à l'ensemble de la région, il est stable, ne connaissant pas de luttes internes entre seigneurs ou de contestation de l'autorité du prince. De plus, en tant que duc des Francs, Hugues apparaît comme le « numéro deux » du royaume de Francie occidentale.

Après 956 : Hugues Capet

Mais cela ne durera pas. Surpuissant à l'échelle du royaume franc, Hugues en vient à perdre le contrôle de possessions devenues trop vastes. Par ailleurs, un mouvement général en Occident favorise la création d'unités politiques plus restreintes, mieux à même d'encadrer et de protéger les populations. Les grands vassaux de Neustrie, les comtes de Blois et du Vermandois particulièrement, s'opposent au prince.

Pourtant, cet émiettement du pouvoir princier des Robertiens n'empêche pas Hugues Capet, fils de Hugues le Grand, de garder un rôle de premier plan au niveau du royaume. En effet, si ses vassaux s'allient avec le Carolingien contre lui, cela fait de lui un allié idéal pour les Othoniens de Germanie — ceux-ci, rappelons-le, disputent la Lorraine aux Carolingiens. En tant que duc des Francs, Hugues Capet est devenu un personnage d'importance nationale : il est presque comme un roi, mais un roi faible...

Les débuts d'une dynastie qui fera du royaume de France une des plus grandes puissances du monde : de gauche à droite, Hugues Ier, dit Capet, et son épouse Adélaïde de Poitou, puis Robert II le Pieux et Constance d'Arles (ou de Provence) et, enfin, Henri Ier et Anne de Kiev.

Charles III le Gros	Eudes	Charles III le Simple	Raoul	Louis IV d'Outremer	Lothaire	**Louis V le Fainéant**
▶ **885-886** *Premier siège de Paris par les Normands*	▶ **889** *Deuxième siège de Paris par les Normands*	▶ **910** *Fondation de l'abbaye de Cluny* ▶ **911** *Le Viking Rollon reçoit un duché dans la région de Rouen*	▶ **923** *Mort de Robert Ier à la bataille de Soissons*	▶ **946** *Construction de la cathédrale de Clermont-Ferrand*	▶ **954** *Hugues le Grand devient duc de Bourgogne et d'Aquitaine* ▶ **978** *Othon Ier prend la Lorraine*	▶ **987** *Fin de la dynastie carolingienne*

Les Capétiens

AN 987... LES CAPÉTIENS

Hugues Ier Capet	Robert II le Pieux	Henri Ier	Philippe Ier	Louis VI le Gros	Louis VII le Jeune	Philippe II Auguste
941-996	*972-1031*	*1008-1060*	*1052-1108*	*1081-1137*	*1120-1180*	*1165-1223*
Roi de France 987-996	Roi de France 996-1031	Roi de France 1031-1060	Roi de France 1060-1108	Roi de France 1108-1137	Roi de France 1137-1180	Roi de France 1180-1223

LES CAPÉTIENS ... AN 1328

Louis VIII le Lion	Louis IX (Saint Louis)	Philippe III le Hardi	Philippe IV le Bel	Louis X le Hutin	Philippe V le Long	Charles IV le Bel
1187-1226	1214-1270	1245-1285	1268-1314	1289-1316	1293-1322	1294-1328
Roi de France 1223-1226	Roi de France 1226-1270	Roi de France 1270-1285	Roi de France 1285-1314	Roi de France 1314-1316	Roi de France 1317-1322	Roi de France 1322-1328
Blanche de Castille *1188-1252* *Régente 1226-1234*						

Hugues Ier Capet

987 : une nouvelle dynastie vient, en toute discrétion, d'accéder au pouvoir royal en Francie occidentale... mais cela passe inaperçu. Ce n'est en effet pas la première éclipse de la famille carolingienne. Et puis, l'institution royale est dans un tel état de délabrement ! Pourtant, le tournant est cette fois décisif...

Hugues Ier dit Capet (vers 940-996), fondateur de la dynastie, sera la souche d'où sortiront toutes les branches des familles régnantes de France jusqu'au XIXe siècle.

Une rupture en douceur

L'éviction des Carolingiens s'est faite sans coup de force. Depuis plus d'un siècle, certes, les Robertiens (c'est, rappelons-le, la famille d'Hugues Capet, qui ne s'appelle pas encore « capétienne ») lorgnent sur le trône des Francs. Mais si Louis V le Fainéant avait eu au moment de sa mort un héritier en âge de régner, Hugues Capet ne lui aurait sans doute pas contesté sa place. Il y a bien Charles de Lorraine, frère du roi Lothaire. Mais ce dernier ne l'avait-il pas lui-même écarté ? Du reste, trop préoccupé par la Lorraine, il n'est guère populaire parmi les grands de la Francie occidentale. C'est donc bien l'absence d'héritier carolingien incontesté qui ouvre à Hugues Capet les portes de la royauté. Solution pacifique, qui satisfait pleinement les partisans de l'empereur Othon, que les prétentions carolingiennes indisposaient. Dans ce parti, on s'en souvient, Adalbéron de Reims avait poussé loin son engagement et était sur le point de se faire juger pour trahison par un tribunal convoqué par Louis V.

Hugues Capet	Robert II le Pieux	Henri Ier	Philippe Ier	Louis VI le Gros	Louis VII le Jeune	Philippe II Auguste
▶ **987** *Élection et sacre d'Hugues Capet à Reims*	▶ **1020** *Première œuvre romane datée : les sculptures de l'église Saint-Genis-des-Fontaines*	▶ **1032** *Le Vexin est cédé aux Normands* ▶ **1033** *Grande famine en Occident*	▶ **1066** *Guillaume le Conquérant devient roi d'Angleterre* ▶ **1095** *Le pape Urbain II prêche la 1re croisade*	▶ **1115** *Saint Bernard premier abbé de Clairvaux* ▶ **1118** *Création de l'ordre des Templiers*	▶ **1146** *Bernard de Clairvaux prêche la 2e croisade* ▶ **1163** *Début de la construction de Notre-Dame de Paris*	▶ **1190** *3e croisade* ▶ **1202** *4e croisade* ▶ **1208** *Croisade contre les albigeois* ▶ **1217** *5e croisade*

Hugues Capet se fait remettre les clés de la ville de Laon grâce à la trahison de l'évêque Adalbéron (visible à droite). Grandes Chroniques de France *de Jean Fouquet. Bibliothèque nationale, Paris.*

On ne s'étonnera donc pas que cet archevêque pèse de tout son poids pour convaincre les grands de choisir comme roi Hugues Capet, duc de France et par là même déjà le second personnage du royaume.

L'héritage d'Hugues Capet : le domaine royal...

De quoi Hugues Capet est-il le roi ? Il hérite de deux patrimoines : le patrimoine robertien — les terres qui lui appartiennent en propre et qui lui viennent de ses ancêtres — et le patrimoine carolingien, attaché à la fonction royale.
Le domaine robertien, que l'on nommera désormais « domaine royal », n'est plus ce qu'il était du temps de la splendeur d'Hugues le Grand, cinquante ans plus tôt. Il comprend sous Hugues Capet les comtés de Melun, d'Étampes et de Senlis, une vingtaine d'évêchés (c'est-à-dire qu'Hugues Capet a la possibilité d'en nommer les titulaires et d'en percevoir une certaine somme d'argent), quelques abbayes (qui étaient à l'époque d'importantes seigneuries) et diverses seigneuries de moindre importance.
Le tout ne formait pas un ensemble compact mais une mosaïque de territoires disséminés dans une zone qui correspond à peu près au Bassin parisien.
Hugues Capet hérite aussi de l'ancien domaine royal carolingien, mais ce n'est que peu de chose : quelques terres autour de la ville de Laon et, stratégiquement plus intéressants, quelques évêchés — Beauvais, Le Puy, Orléans, Sens, Langres, Paris, Chartres, Meaux, Noyon et Laon.

Capet, quel drôle de nom !

« Citoyen Capet ! », ainsi est interpellé Louis XVI lors de son procès devant l'assemblée révolutionnaire en 1793. Mais son lointain ancêtre Hugues ne savait pas lui-même qu'il s'appelait « Capet ». C'était simplement un surnom qu'on lui donnait parfois, du fait que, étant abbé laïque de Saint-Martin de Tours, il portait fièrement la cape de saint Martin qui était la plus précieuse relique de cette abbaye.

... et le royaume franc

Enfin, Hugues Capet hérite du royaume, cela va sans dire ! Mais qu'est-ce au juste que ce royaume ? Cela ne ressemble en rien à la France d'aujourd'hui, dans le sens où on ne peut pas parler, au temps d'Hugues Capet, d'une unité politique. Pas de « nation », ni même de « pays ». Il s'agit plutôt d'un ensemble de peuples aux contours souvent imprécis : on ne peut même pas parler d'une fédération de principautés, aux frontières bien délimitées. Ces peuples de la Francie occidentale reconnaissent tous dans le roi un personnage sacré, chargé de protéger la communauté des chrétiens... mais on n'accepte pas pour autant qu'il se mêle

Sur le sceau d'Hugues Capet apparaît pour la première fois la couronne ornée des motifs qui seront appelés « fleur de lys » à partir du XIIIe siècle et qui représentent en réalité un fer de francisque, l'arme traditionnelle des Francs. Désormais ce motif sera l'emblème de la royauté française, comme l'affirme déjà le sceau de Robert le Pieux, fils d'Hugues Capet.

Louis VIII le Lion	Louis IX (Saint Louis)	Philippe III le Hardi	Philippe IV le Bel	Louis X le Hutin	Philippe V le Long	Charles IV le Bel
▶ 1225 *Composition du roman* Lancelot	▶ 1229 *6e croisade* ▶ 1248 *7e croisade* ▶ 1270 *8e croisade*	▶ 1274 *Le pape acquiert le Comtat Venaissin* ▶ 1274 *Mort de saint Thomas d'Aquin*	▶ 1305 *Le pape Clément V se fixe en Avignon* ▶ 1307-1310 *Arrestation et supplice des Templiers*	▶ 1314 *Scandales de la tour de Nesle*	▶ 1320-1322 *Soumission des cathares à Carcassonne, Albi et Cordes*	▶ 1328 *Répression de la révolte flamande* ▶ 1328 *Fin de la dynastie des Capétiens*

de faire des lois ou de percevoir des impôts, en dehors des terres appartenant à son domaine. Dans l'ordre spirituel, il est au-dessus de tous, mais, dans l'ordre matériel, il est un seigneur parmi d'autres qui n'a raison que s'il est le plus fort. Dans cet ensemble disparate on distingue plusieurs grandes principautés.
La Normandie (dirigée par d'anciens Vikings, elle se distingue par son dynamisme économique), la Bretagne, la Flandre, la Bourgogne et l'Aquitaine font ainsi théoriquement partie du royaume, mais sont en fait des duchés autonomes. Dans la pratique, ils font même figure, à côté du modeste domaine d'Hugues Capet, de grandes puissances.

Le sacre de Robert

Un épisode illustre bien l'ambiguïté de la royauté d'Hugues Capet : en 987, les Catalans, qui font également partie du royaume, font appel à Hugues pour les soutenir contre les Sarrasins.
Protéger les chrétiens contre les païens, telle est bien la mission sacrée du roi. L'épisode prouve donc que la légitimité royale d'Hugues est reconnue.
Mais Hugues Capet, faute de moyens, ne parviendra jamais à se rendre en Catalogne : il n'est décidément pas Charlemagne...
Si l'affaire de Catalogne n'est pas à la gloire d'Hugues Capet, elle lui aura en tous les cas servi de prétexte pour franchir un pas décisif pour l'avenir de la dynastie : il fait sacrer roi son fils Robert. Certes, les Carolingiens avaient déjà usé de cette précaution pour éviter que les droits de leurs fils aînés soient contestés après leur mort. Mais qu'un roi non carolingien prenne cette initiative signifie qu'il entend que son règne ne soit pas une parenthèse entre deux Carolingiens, ou qu'après sa mort une autre grande famille que la sienne obtienne le trône.
Cette idée ne va pas de soi. La faiblesse relative d'Hugues Capet avait séduit ceux qui l'avaient fait monter sur le trône. Adalbéron de Reims, celui-là même qui a tant fait pour qu'il soit élu, ne voit pas d'un bon œil la volonté d'Hugues de poser les fondements d'une nouvelle dynastie.

La France d'Hugues Capet.

La Catalogne est, pour un Neustrien du Xe siècle, un pays lointain. Hugues fait donc valoir qu'au cas où il périrait dans cette expédition il faudrait qu'un roi légitime soit en place pour assumer la continuité de la royauté.
L'expédition de Catalogne n'a pas eu lieu, mais Robert II est bien sacré le 30 décembre 987. Il est âgé d'environ dix-sept ans et, à partir de cette date, il assume aux côtés de son père les responsabilités liées à la royauté.

Face aux ennemis

Hugues Capet ne manque pas d'ennemis. Il y a bien sûr, et avant tout, le candidat évincé, Charles de Lorraine.
Dernier Carolingien encore valide, il n'accepte pas sa mise à l'écart.
Dès 988, il reprend possession de Laon, qui était naguère le centre du pouvoir carolingien. Il y tient tête à Hugues qui peine à récupérer la ville.
En 991, Hugues y parvient enfin,

Lui et Nous

Un royaume autour de l'Île-de-France

Hugues Capet inaugure un changement très important dans l'histoire de la monarchie franque. Les derniers Carolingiens vivaient dans la nostalgie de l'empire de Charlemagne. Le but d'Hugues Capet n'est pas l'empire, mais simplement de consolider et d'accroître un domaine qui se situe, à peu près, entre Compiègne et Orléans.
Sans le vouloir, il pose les fondements d'un pays qui s'organisera lentement autour de cette région : ce sera la France.

Hugues Capet	Robert II le Pieux	Henri Ier	Philippe Ier	Louis VI le Gros	Louis VII le Jeune	Philippe II Auguste
▶ **987** *Élection et sacre d'Hugues Capet à Reims*	▶ **1020** *Première œuvre romane datée : les sculptures de l'église Saint-Genis-des-Fontaines*	▶ **1032** *Le Vexin est cédé aux Normands* ▶ **1033** *Grande famine en Occident*	▶ **1066** *Guillaume le Conquérant devient roi d'Angleterre* ▶ **1095** *Le pape Urbain II prêche la 1re croisade*	▶ **1115** *Saint Bernard premier abbé de Clairvaux* ▶ **1118** *Création de l'ordre des Templiers*	▶ **1146** *Bernard de Clairvaux prêche la 2e croisade* ▶ **1163** *Début de la construction de Notre-Dame de Paris*	▶ **1190** *3e croisade* ▶ **1202** *4e croisade* ▶ **1208** *Croisade contre les albigeois* ▶ **1217** *5e croisade*

Hugues Capet face à Charles de Lorraine : « Qui t'a fait Comte ? Qui t'a fait Roi ? ». Chromo éditée vers 1900, série sur La France des provinces, Picardie, Île de France, Orléanais.

mais sans gloire : profitant du sommeil de Charles, l'évêque de Laon, Arnoul, s'en empare et le livre au roi. Cette fois, c'en est bien fini des Carolingiens.
Les autres personnages qui veulent la perte d'Hugues sont plus dangereux. Il s'agit principalement de ses grands vassaux, et plus particulièrement d'Eudes de Blois. Celui-ci s'empare de Melun en 991. Grâce à l'aide du duc de Normandie et du comte d'Anjou, Hugues Capet parvient à reprendre cette ville.
Mais la lutte continue. Eudes obtient l'alliance du comte de Flandre, du duc d'Aquitaine et même du duc de Normandie. Durant l'hiver 995-996, l'affrontement atteint son paroxysme et ne s'apaise qu'avec la mort d'Eudes de Blois en mars 996.
En octobre de la même année, Hugues meurt à son tour. Il est enterré à Saint-Denis, où se trouvent les tombes des rois carolingiens, mais aussi celles de plusieurs Robertiens, ancêtres d'Hugues Capet. Désormais, la dynastie qui règne sur la France portera le nom de « capétienne ».

Gerbert d'Aurillac (vers 940-1003)

Hugues Capet confie l'éducation de son fils Robert à un personnage d'exception : Gerbert.
Né dans une famille modeste d'Auvergne, Gerbert est élevé dans un couvent, puis devient moine clunisien et part étudier en Catalogne, où il découvre les travaux des savants arabes, héritiers de la science grecque et inventeurs des chiffres que nous utilisons. À Rome, il se familiarise avec les auteurs latins.
Il s'intéresse aussi à la médecine, à la musique, à l'art oratoire. Ensuite, tout en écrivant plusieurs traités scientifiques, il poursuit une carrière dans l'Église, jusqu'à être élu pape sous le nom de Sylvestre II, en avril 999.
On a dit que Gerbert était un magicien, un alchimiste, voire qu'il avait passé un pacte avec le diable ! Cet homme étonnant était tout simplement d'une grande intelligence.

Gerbert d'Aurillac deviendra pape sous le nom de Sylvestre II.

Louis VIII le Lion	Louis IX (Saint Louis)	Philippe III le Hardi	Philippe IV le Bel	Louis X le Hutin	Philippe V le Long	Charles IV le Bel
▶ **1225** *Composition du roman* Lancelot	▶ **1229** *6e croisade* ▶ **1248** *7e croisade* ▶ **1270** *8e croisade*	▶ **1274** *Le pape acquiert le Comtat Venaissin* ▶ **1274** *Mort de saint Thomas d'Aquin*	▶ **1305** *Le pape Clément V se fixe en Avignon* ▶ **1307-1310** *Arrestation et supplice des Templiers*	▶ **1314** *Scandales de la tour de Nesle*	▶ **1320-1322** *Soumission des cathares à Carcassonne, Albi et Cordes*	▶ **1328** *Répression de la révolte flamande* ▶ **1328** *Fin de la dynastie des Capétiens*

Louis VI le Gros

Louis VI, surnommé « le Gros » car il avait, comme son père, Philippe Ier, une tendance à l'obésité, est le premier roi capétien à avoir vraiment affermi la fonction royale. Son règne se déroule dans un contexte de croissance économique et voit l'émergence d'un fait politique nouveau : le désir d'autonomie exprimé par les habitants des villes.

Louis VI le Gros (1081-1137) fondant une abbaye. Enluminure tirée d'une Chronique de Saint-Denis. *Bibliothèque nationale.*

Hugues Capet	Robert II le Pieux	Henri Ier	Philippe Ier	**Louis VI le Gros**	Louis VII le Jeune	Philippe II Auguste
▶ 987 *Élection et sacre d'Hugues Capet à Reims*	▶ 1020 *Première œuvre romane datée : les sculptures de l'église Saint-Genis-des-Fontaines*	▶ 1032 *Le Vexin est cédé aux Normands* ▶ 1033 *Grande famine en Occident*	▶ 1066 *Guillaume le Conquérant devient roi d'Angleterre* ▶ 1095 *Le pape Urbain II prêche la 1re croisade*	▶ 1115 *Saint Bernard premier abbé de Clairvaux* ▶ 1118 *Création de l'ordre des Templiers*	▶ 1146 *Bernard de Clairvaux prêche la 2e croisade* ▶ 1163 *Début de la construction de Notre-Dame de Paris*	▶ 1190 *3e croisade* ▶ 1202 *4e croisade* ▶ 1208 *Croisade contre les albigeois* ▶ 1217 *5e croisade*

Montjoie Saint-Denis !

En 1124, l'empereur d'Allemagne Henri V, pour prêter main-forte au duc de Normandie dans le conflit qui l'oppose à Louis VI, lance un raid vers Paris. Mais le roi Louis VI fait échec à l'empereur en rassemblant tous les seigneurs d'Île-de-France autour de son étendard qui est l'oriflamme de l'abbaye de Saint-Denis. Son cri de ralliement lors de cette bataille est resté célèbre : « Montjoie Saint-Denis ! » Ferveur nationaliste contre l'envahisseur allemand ? N'allons pas trop vite ! L'épisode prouve plutôt que le roi capétien impose désormais efficacement son autorité sur ses vassaux d'Île-de-France.

Le couronnement de l'empereur Henri V. Miniature du Miroir historial *de Vincent de Beauvais. Musée Condé, Chantilly.*

Une belle-mère encombrante

L'enfance de Louis est pénible. Né en 1081, il est le fils aîné du roi Philippe Ier. Mais la seconde épouse de celui-ci, Bertrade de Montfort a deux fils qu'elle veut voir supplanter le roi. Le jeune Louis subit mille brimades. Bertrade l'exclut de la cour et l'oblige à vivre misérablement à Pontoise. Lorsqu'il se rend en Angleterre, elle demande au roi de ce pays de le retenir prisonnier ! Plus grave, elle tente à deux reprises de le faire assassiner...
Quoique affaibli par la maladie, Philippe Ier fait toutefois en sorte que Louis soit reconnu comme son seul héritier par une assemblée composée de princes et d'évêques.
Le jeune prince est associé dès 1100 au gouvernement. Mais, ne lâchant pas prise, Bertrade parvient à empêcher le sacre de Louis jusqu'à la mort de Philippe Ier. Louis VI est ainsi le premier Capétien à ne pas avoir été sacré du vivant de son père. Pressé par ses partisans — qui veulent surtout éviter de nouveaux désordres dans le royaume —, Louis se fait sacrer à Orléans sitôt son père inhumé, en 1108.
En 1115, il épouse Adélaïde de Savoie.

Un roi guerrier

Heureusement, Louis a une belle santé (tout au moins jusqu'à ce qu'il devienne irrémédiablement obèse — probablement en raison d'une maladie — vers l'âge de quarante ans). Dans ses jeunes années, on le décrit comme un « incomparable athlète ». Il aime la guerre et il aime commander des troupes. On le voit souvent mener lui-même l'assaut au péril de sa vie. Les guerres, justement, cela ne manque pas !

La mise au pas des seigneurs

Il y a d'abord des guerres que l'on peut qualifier d'intérieures, car elles se déroulent dans les limites du domaine royal. Il s'agit, principalement, de soumettre les seigneurs de l'Île-de-France, leur rappelant leur devoir de vassaux vis-à-vis du roi.
Ces seigneurs sont innombrables.
La plupart ont eux-mêmes édifié leur château, et imposent leur loi aux villages qui se trouvent alentour. Ils refusent, en particulier, de verser le moindre denier au roi. Louis VI mène contre eux d'incessantes expéditions.
Le peuple est satisfait de cette action du roi, car elle met fin à une époque anarchique durant laquelle les querelles entre petits seigneurs entretenaient un climat permanent de violence. De plus, le roi apparaît comme un arbitre respecté : lors des expéditions qu'il mène sur son domaine, il est ainsi souvent sollicité pour rendre la justice. L'effort de Louis VI porte ses fruits, car, à la fin de son règne, la région située entre Orléans et Compiègne est pacifiée, et les expéditions punitives du roi sont plus rares.
Dans le domaine royal, Louis VI agit plus en tant que prince qu'en tant que roi. Les autres princes du royaume, en effet, pratiquent une politique analogue à l'égard de leurs propres vassaux insoumis. Ainsi, la Flandre, la Normandie et l'Anjou deviennent des États de mieux en mieux structurés... et des ennemis d'autant plus dangereux pour le roi de France.

La menace du royaume anglo-normand

Parmi ces États, la Normandie est sans doute celui qui représente le plus grand danger pour Louis VI. De 1109 à 1119, la guerre est quasi permanente entre

Louis VIII le Lion	Louis IX (Saint Louis)	Philippe III le Hardi	Philippe IV le Bel	Louis X le Hutin	Philippe V le Long	Charles IV le Bel
▶ 1225 *Composition du roman Lancelot*	▶ 1229 *6e croisade* ▶ 1248 *7e croisade* ▶ 1270 *8e croisade*	▶ 1274 *Le pape acquiert le Comtat Venaissin* ▶ 1274 *Mort de saint Thomas d'Aquin*	▶ 1305 *Le pape Clément V se fixe en Avignon* ▶ 1307-1310 *Arrestation et supplice des Templiers*	▶ 1314 *Scandales de la tour de Nesle*	▶ 1320-1322 *Soumission des cathares à Carcassonne, Albi et Cordes*	▶ 1328 *Répression de la révolte flamande* ▶ 1328 *Fin de la dynastie des Capétiens*

Le fils de Guillaume le Conquérant deviendra roi d'Angleterre sous le nom d'Henri Ier Beauclerc.

la Normandie et la France. Le duc Henri Ier Beauclerc de Normandie, qui est aussi roi d'Angleterre, est militairement plus fort que Louis VI.
De plus, Henri bénéficie du soutien de plusieurs vassaux de Louis VI, dont le puissant comte de Blois, Thibaud IV.
De son côté, Louis VI ne se prive pas d'exploiter les dissensions internes à la noblesse normande. Ainsi flatte-t-il les prétentions de Guillaume Cliton à devenir duc de Normandie à la place du duc en place. De même recherche-t-il des alliés parmi les différents seigneurs du Vexin, qui se trouve entre la Normandie et la France.
De 1109 à 1119, la lutte fait rage.
Mais, à partir des années 1120, les choses se calment. Un équilibre entre les deux puissances se dessine, du fait d'un affaiblissement momentané du royaume anglo-normand.

Le mouvement des communes

Louis VI joue également un rôle dans le mouvement des communes qui prend son plein essor sous son règne.
Les habitants des villes, particulièrement dans le nord et le nord-est du royaume, revendiquent leur liberté vis-à-vis du pouvoir seigneurial. Ces mouvements donnent souvent lieu à des affrontements violents, comme le montre l'exemple de la commune de Laon.
En janvier 1110, un noble du nom de Gérard de Quierzy est assassiné dans cette ville. Le meurtrier présumé est membre d'une famille adverse.
Une vengeance s'ensuit. Le cas est malheureusement banal. Mais, cette fois-ci, les bourgeois — c'est-à-dire les habitants non nobles de la ville — n'en peuvent plus ! Ils sont las de ces querelles incessantes d'aristocrates qui entretiennent dans leur ville un désordre permanent. Ajoutons à cela que ces seigneurs demandent toujours plus d'impôts. Les habitants de Laon décident de former une association (une « commune ») et exigent une réduction

Les Parisiens tuant les prisonniers de Laon. Un épisode des troubles advenus dans la ville de Laon illustré dans la Chronique abrégée *d'Enguerrand de Monstrelet.*

Fait divers

En 1119, une bande d'individus fait irruption dans l'abbaye de Vézelay, brisant les portes, frappant et injuriant les moines. Ces hommes ne sont pas des éléments incontrôlés mais sont envoyés par le comte de Nevers, Guillaume II, qui voudrait exercer sa souveraineté sur l'abbaye. C'est que, du fait de la croissance économique, les revenus sont de plus en plus importants, et les moines de Vézelay font des jaloux. Beaucoup de jaloux : ce nouvel attentat intervient quelques années après la révolte des habitants de Vézelay de 1106, au cours de laquelle l'abbé Artaut avait trouvé la mort.
Les révoltés exprimaient alors leur mécontentement contre de nouvelles taxes que cherchait à leur imposer l'opulente abbaye.

Hugues Capet	Robert II le Pieux	Henri Ier	Philippe Ier	**Louis VI le Gros**	Louis VII le Jeune	Philippe II Auguste
▶ 987 *Élection et sacre d'Hugues Capet à Reims*	▶ 1020 *Première œuvre romane datée : les sculptures de l'église Saint-Genis-des-Fontaines*	▶ 1032 *Le Vexin est cédé aux Normands* ▶ 1033 *Grande famine en Occident*	▶ 1066 *Guillaume le Conquérant devient roi d'Angleterre* ▶ 1095 *Le pape Urbain II prêche la 1re croisade*	▶ 1115 *Saint Bernard premier abbé de Clairvaux* ▶ 1118 *Création de l'ordre des Templiers*	▶ 1146 *Bernard de Clairvaux prêche la 2e croisade* ▶ 1163 *Début de la construction de Notre-Dame de Paris*	▶ 1190 *3e croisade* ▶ 1202 *4e croisade* ▶ 1208 *Croisade contre les albigeois* ▶ 1217 *5e croisade*

Sous Louis VI, le monde paysan, mieux protégé par des lois qui limitent les pouvoirs des petits nobles, se développe. Labour avec un attelage de bœufs, illustration du mois de janvier d'un calendrier.

d'impôt auprès de l'évêque, qui est le seigneur de la ville. Les affrontements durent jusqu'en 1128, date à laquelle le roi, contre l'évêque, donne à Laon sa liberté. La ville est désormais dirigée par un maire et des jurés.

Un monde paysan en mouvement

Dans les campagnes, la société évolue aussi. Dans un contexte de croissance économique, on assiste à l'essor démographique de la société paysanne. Plus nombreux, les paysans voient aussi s'améliorer leur condition.
Tout d'abord, la mise par écrit des devoirs dus aux seigneurs fait reculer l'arbitraire qui avait le plus souvent cours dans la période précédente.
Par ailleurs, la mise au pas des petits seigneurs a pour conséquence la diminution des réquisitions abusives auxquelles ces derniers se livraient trop volontiers. Surtout, de nombreux paysans sont affranchis du servage et exemptés de certaines taxes ou corvées.
Enfin, le roi accorde un statut entièrement libre aux paysans qui acceptent de défricher des terres non encore cultivées. Ainsi, affranchissement et croissance économique vont-ils de pair.

La succession

Se souvenant des difficultés qu'il avait rencontrées pour imposer sa légitimité au début de son règne, Louis VI prépare avec soin sa succession. Dès 1129 il associe au pouvoir son fils aîné Philippe, issu de son mariage avec Adélaïde de Savoie. Mais celui-ci meurt accidentellement deux ans plus tard. Louis fait alors immédiatement couronner son fils puîné, le futur Louis VII. Celui-ci commence de fait à régner du vivant de son père, Louis VI passant en effet les deux dernières années de sa vie impotent en raison de son obésité. Louis VI lègue à son fils un royaume renforcé. Plus précieux encore, il lui lègue le ministre Suger.
Administrateur consciencieux, grand travailleur, cet abbé de Saint-Denis assume ainsi de manière efficace la transition entre les deux règnes.

Saint Bernard de Clairvaux et les cisterciens de Cîteaux. Chroniques abrégées des anciens rois et ducs de Bourgogne, *British Library, Londres.*

Lui et Nous

Le temps des cisterciens

Les magnifiques abbayes cisterciennes que l'on peut admirer encore aujourd'hui en Bourgogne et ailleurs, nous les devons en grande partie au règne de Louis VI.
Fondée à la fin du XIe siècle, sur un domaine en friche et marécageux situé près de Langres, l'abbaye de Cîteaux se développe au début du siècle suivant grâce aux dons de fidèles et aux travaux de défrichement entrepris par les moines.
L'ordre est marqué par la personnalité de saint Bernard. C'est lui qui fait des cisterciens l'ordre monastique le plus important de l'époque.

Louis VIII le Lion	Louis IX (Saint Louis)	Philippe III le Hardi	Philippe IV le Bel	Louis X le Hutin	Philippe V le Long	Charles IV le Bel
▶ 1225 *Composition du roman* Lancelot	▶ 1229 *6e croisade* ▶ 1248 *7e croisade* ▶ 1270 *8e croisade*	▶ 1274 *Le pape acquiert le Comtat Venaissin* ▶ 1274 *Mort de saint Thomas d'Aquin*	▶ 1305 *Le pape Clément V se fixe en Avignon* ▶ 1307-1310 *Arrestation et supplice des Templiers*	▶ 1314 *Scandales de la tour de Nesle*	▶ 1320-1322 *Soumission des cathares à Carcassonne, Albi et Cordes*	▶ 1328 *Répression de la révolte flamande* ▶ 1328 *Fin de la dynastie des Capétiens*

Philippe II Auguste

Intelligent, énergique, ambitieux et peu scrupuleux, Philippe Auguste a rapidement montré, dès son arrivée au pouvoir en 1180, de réelles qualités d'homme d'État. Durant son long règne (quarante-trois ans, de 1180 à 1223), la royauté capétienne a considérablement agrandi son domaine en affaiblissant la féodalité. Les tout-puissants Plantagenêts ont perdu la moitié de leurs possessions territoriales sur le sol français. Le royaume capétien est devenu l'un des premiers États d'Occident.

*Le mariage de Philippe II Auguste et d'Isabelle, fille de Baudouin, comte de Hainaut. Miniature de l'*Histoire des nobles princes de Hainaut *de Jacques de Guise (XVe siècle).*

Un héritier attendu

La naissance de Philippe, en août 1165, était certes très attendue par sa mère Adèle, fille du duc de Champagne et troisième épouse du roi Louis VII, mais encore plus par son père, « effrayé du nombre de ses filles » et soulagé d'avoir enfin un héritier au trône. Plus tard, en raison des ambitions impériales de Philippe II, son biographe Ricord adjoindra à son nom celui d'Auguste, qui qualifiait les empereurs romains.

Son portrait, tracé par un chanoine de Saint-Martin de Tours, laisse présager le meilleur pour ce jeune prince âgé seulement de quinze ans lorsqu'il accède à la royauté. « Beau et bien bâti, il était chauve. Le visage respirant la joie de vivre, il aimait le vin, la bonne chère et était porté sur les femmes [...]. Religieux, de sage conseil, il se tenait fermement à ce qu'il avait dit et portait des jugements rapides et adroits [...]. Généreux envers ses amis, il convoitait les biens de ses adversaires, et il était très expert dans l'art de l'intrigue [...]. Recourant au conseil des humbles [...], il se montra le dompteur des superbes, le défenseur de l'Église et le nourrisseur des pauvres. »

Une habile exploitation des circonstances

Poursuivant la voie de ses ancêtres, Philippe accentue sa politique de développement du domaine royal. Brave et sachant se battre en hardi chevalier, le jeune roi ne se passionne pas pour la guerre. Esprit habile, il préfère

Hugues Capet	Robert II le Pieux	Henri Ier	Philippe Ier	Louis VI le Gros	Louis VII le Jeune	**Philippe II Auguste**
▸ **987** *Élection et sacre d'Hugues Capet à Reims*	▸ **1020** *Première œuvre romane datée : les sculptures de l'église Saint-Genis-des-Fontaines*	▸ **1032** *Le Vexin est cédé aux Normands* ▸ **1033** *Grande famine en Occident*	▸ **1066** *Guillaume le Conquérant devient roi d'Angleterre* ▸ **1095** *Le pape Urbain II prêche la 1re croisade*	▸ **1115** *Saint Bernard premier abbé de Clairvaux* ▸ **1118** *Création de l'ordre des Templiers*	▸ **1146** *Bernard de Clairvaux prêche la 2e croisade* ▸ **1163** *Début de la construction de Notre-Dame de Paris*	▸ **1190** *3e croisade* ▸ **1202** *4e croisade* ▸ **1208** *Croisade contre les albigeois* ▸ **1217** *5e croisade*

Histoire de famille : en haut à gauche, Henri II Plantagenêt regarde durement son fils rebelle, Richard Cœur de Lion ; en bas, Jean sans Terre, dont la couronne chancelle, et Henri III qui montre sa couronne enfin d'aplomb.

Le départ pour la troisième croisade. Les croisés français embarquent à Saint-Jean d'Acre. Dessous, la flotte anglaise coule un navire sarrasin.

user de diplomatie et utiliser les circonstances. En avril 1180, il épouse Isabelle de Hainaut, nièce de Philippe d'Alsace, comte de Flandre. Âgée d'à peine dix ans, elle lui apporte en dot la riche région de l'Artois. Dès le début de son règne, Philippe doit affronter une formidable coalition regroupant, entre autres, les frères de Blois-Champagne (de la famille de sa mère), Philippe d'Alsace, Baudouin de Hainaut, son beau-père, et le duc de Bourgogne, Hugues III. Le roi réussit à battre ses adversaires par les armes, mais surtout par ses intrigues qui divisent les coalisés. Par le traité de Boves en 1185, Philippe conserve la dot de son épouse et acquiert une grande partie du Vermandois à la mort de Philippe d'Alsace. Le Vermandois, tout proche de Paris, représente l'une des premières extensions importantes du domaine royal durant le règne de Philippe.

L'effondrement des Plantagenêts

Comme pour les précédents Capétiens, la puissance des Plantagenêts continue de représenter un redoutable danger. Mais le roi va admirablement exploiter les haines divisant cette famille. Il commence par soutenir la révolte de Richard Cœur de Lion et de Jean sans Terre — rivaux entre eux — contre leur père, Henri II. Richard Cœur de Lion veut être reconnu comme héritier de la couronne d'Angleterre et épouser la sœur de Philippe, Alix. Il désire aussi conserver son pouvoir sur l'Aquitaine, que son père désire transmettre à son frère Jean. Philippe devient ami de Richard et l'aide à guerroyer contre le vieil Henri II dans le Maine et en Anjou. Le vieux Plantagenêt meurt en 1189. Richard recueille tout son héritage malgré les tentatives de Philippe d'en récupérer une partie. Jean reste « sans terre ». Désormais roi d'Angleterre, Richard part en 1190 pour la croisade — la troisième — avec Philippe Auguste, afin de reconquérir Jérusalem et la Terre sainte, tombées aux mains de Saladin Ier en 1187.

La troisième croisade

La croisade ne suspend pas les rivalités entre les souverains. Malgré les protestations d'amitié réciproques, Philippe souffre du rayonnement de Richard, qui fait l'admiration de tous par sa folle bravoure, d'où son surnom de Cœur de Lion. Prétextant une maladie et excédé par Richard, Philippe revient à Paris en décembre 1191 pour régler à son avantage la succession de Philippe d'Alsace. Il intrigue également contre son ancien allié, rival de Jean sans Terre mais aussi

Louis VIII le Lion	Louis IX (Saint Louis)	Philippe III le Hardi	Philippe IV le Bel	Louis X le Hutin	Philippe V le Long	Charles IV le Bel
▶ **1225** *Composition du roman* Lancelot	▶ **1229** *6e croisade* ▶ **1248** *7e croisade* ▶ **1270** *8e croisade*	▶ **1274** *Le pape acquiert le Comtat Venaissin* ▶ **1274** *Mort de saint Thomas d'Aquin*	▶ **1305** *Le pape Clément V se fixe en Avignon* ▶ **1307-1310** *Arrestation et supplice des Templiers*	▶ **1314** *Scandales de la tour de Nesle*	▶ **1320-1322** *Soumission des cathares à Carcassonne, Albi et Cordes*	▶ **1328** *Répression de la révolte flamande* ▶ **1328** *Fin de la dynastie des Capétiens*

La Bataille de Bouvines. *Après la victoire, les barons de France renouvellent leur serment au roi Philippe II Auguste. Tableau de H. Vernet (1827), Versailles.*

du duc d'Autriche. Ce dernier fait arrêter Richard alors qu'il traverse ses terres à son retour de croisade et le livre à l'empereur Henri IV.
Après la libération de Richard en 1194, contre une importante rançon recueillie par sa mère, Aliénor d'Aquitaine, les rivalités reprennent de plus belle entre le Plantagenêt et le Capétien.

Paris, capitale de la France

Les premiers Capétiens n'avaient pas eu de résidence fixe. Philippe Auguste est le premier roi à résider fréquemment à Paris. Il en fait la capitale du royaume. Sous son règne, la rive droite commence à se peupler, et des quartiers de commerçants et d'industriels se créent. Les halles sont édifiées et les marchés environnants mieux aménagés. Des rues commencent à être pavées. Le port est perfectionné. La corporation des bateliers prend une nouvelle importance : les nautes, marchands bateliers de la Seine, sont si importants pour la prospérité de la cité qu'un bateau, leur emblème, figure dans les armoiries de Paris. La création d'une nouvelle enceinte et l'édification de la forteresse du Louvre font de la capitale une place forte de premier ordre ; ses fondations et le fossé du donjon sont toujours visibles au sous-sol du Grand Louvre actuel. C'est à cette époque également que se constitue l'Université, avec ses privilèges d'autonomie vis-à-vis de la justice royale, et ses institutions : les collèges et les facultés, associant maîtres et écoliers.

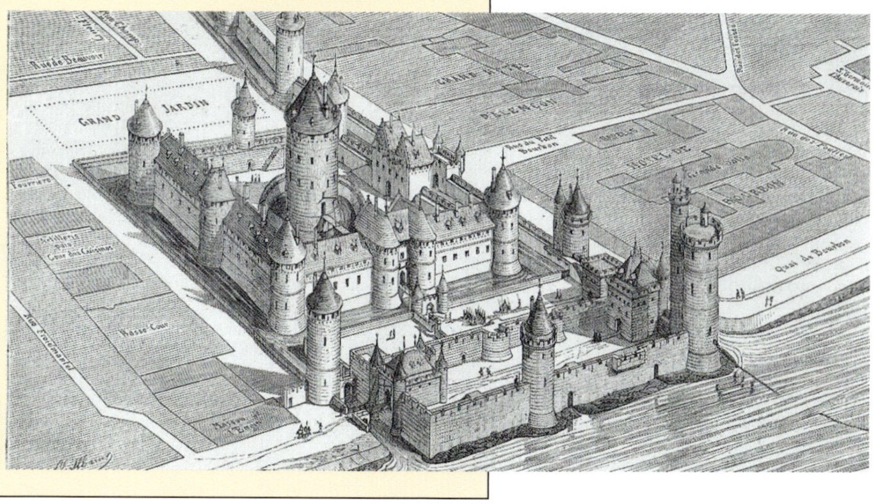

Une représentation vue d'en haut du Louvre tel qu'il était du temps de Philippe II Auguste. Au-dessus, le plus ancien sceau de Paris (vers 1210).

Hugues Capet	Robert II le Pieux	Henri Ier	Philippe Ier	Louis VI le Gros	Louis VII le Jeune	**Philippe II Auguste**
▶ **987** *Élection et sacre d'Hugues Capet à Reims*	▶ **1020** *Première œuvre romane datée : les sculptures de l'église Saint-Genis-des-Fontaines*	▶ **1032** *Le Vexin est cédé aux Normands* ▶ **1033** *Grande famine en Occident*	▶ **1066** *Guillaume le Conquérant devient roi d'Angleterre* ▶ **1095** *Le pape Urbain II prêche la 1re croisade*	▶ **1115** *Saint Bernard premier abbé de Clairvaux* ▶ **1118** *Création de l'ordre des Templiers*	▶ **1146** *Bernard de Clairvaux prêche la 2e croisade* ▶ **1163** *Début de la construction de Notre-Dame de Paris*	▶ **1190** *3e croisade* ▶ **1202** *4e croisade* ▶ **1208** *Croisade contre les albigeois* ▶ **1217** *5e croisade*

Le roi Philippe II Auguste remet le premier privilège royal aux maîtres et aux étudiants (1200). Enluminure du XIIIe siècle.

L'essor des communes

Sous le règne de Philippe Auguste, on assiste à un fort développement des villes. Les droits des aristocrates étaient en effet limités par les privilèges communaux, et le roi, hors de ses propriétés, favorisa le mouvement des communes en s'alliant aux bourgeois plutôt qu'aux nobles. Les villes offraient un autre intérêt : conçues comme des seigneuries collectives, elles devaient l'ost (service militaire) à leur suzerain.

Richard découvre en effet que, pendant sa captivité, Philippe Auguste et Jean sans Terre lui ont pris le Vexin et une part de la Normandie. Les hostilités sont sur le point de tourner à l'avantage de Richard lorsque ce dernier est mortellement blessé durant le siège de Châlus, dans le Limousin, en 1199.

Philippe Auguste et Jean sans Terre

Jean sans Terre succède à son frère Richard sur le trône d'Angleterre. Heureusement pour Philippe Auguste, c'est un ennemi beaucoup moins dangereux et il le manipule avec succès. C'est ainsi que Philippe accepte de reconnaître à Jean sans Terre le titre de roi, moyennant la cession du pays d'Évreux, de celui du Berry et d'une partie du Vexin normand. En 1202, Philippe va tirer le meilleur parti d'une grossière maladresse de son adversaire. Ayant subi des affronts de Jean, qui enlève la fiancée de Hugues X de Lusignan, cette grande famille poitevine se plaint à son suzerain, le roi de France. N'ayant pas répondu à la convocation devant la justice royale, Jean sans Terre se voit confisquer ses fiefs français. Philippe Auguste annexe alors, de 1204 à 1208, la Normandie, le Maine, l'Anjou et le Poitou.
Fort de sa nouvelle puissance, Philippe encourage son fils Louis — le futur Louis VIII — à envahir l'Angleterre, dont il ambitionne de prendre la couronne. Son projet échoue face à une puissante coalition conduite par Jean sans Terre et réunissant, entre autres, les comtes de Boulogne et de Flandre, les ducs de Lorraine et surtout l'empereur germanique. Cependant, le roi de France parvient, par la célèbre victoire de Bouvines (juillet 1214), à défaire la coalition et à démanteler définitivement la puissance territoriale des Plantagenêts. À sa mort, en 1223, Philippe II Auguste est de loin le plus important seigneur du royaume et il a réussi à imposer son autorité à ses principaux vassaux.

L'un des premiers États d'Occident

Durant son règne, Philippe Auguste a quadruplé le domaine royal. Les victoires militaires mais aussi l'habileté du gouvernement assurent à la monarchie une autorité incontestée. Preuve de cette réussite, Philippe n'a pas besoin de faire couronner son fils de son vivant, comme, autrefois, les premiers Capétiens : la transmission héréditaire de la Couronne est désormais un fait acquis.

Les transformations de l'administration, des finances et de la justice placent le royaume sur la voie d'un véritable État moderne. Le rayonnement de la monarchie affecte aussi l'épanouissement de l'art et de la culture avec le développement de l'architecture gothique, de la pensée scolastique dans les universités parisiennes et de l'art de vivre cultivé dans des cours princières qui sont des modèles pour tout l'Occident.

Lui et Nous

Les baillis : premiers fonctionnaires

Parmi les transformations décisives de l'administration de Philippe Auguste, la création des baillis préfigure l'existence de nos hauts fonctionnaires modernes, fidèles serviteurs de l'État, quels que soient les changements du pouvoir politique. Jusque-là, le domaine royal était administré par des prévôts qui achetaient leur charge et exerçaient ensuite les droits au nom du roi sans pouvoir être révoqués. Philippe les fait désormais surveiller par les baillis, qu'il nomme et renvoie à son gré : ce sont les ancêtres des préfets. Ces nouveaux agents du roi sont d'abord des inspecteurs qui se déplacent à travers le royaume. Plus tard, ils deviennent sédentaires dans leur ressort administratif, le « bailliage ». Dans l'ouest et le midi de la France, les baillis prennent le nom de « sénéchaux ». Leur ressort se nomme « sénéchaussée ».

Louis VIII le Lion	Louis IX (Saint Louis)	Philippe III le Hardi	Philippe IV le Bel	Louis X le Hutin	Philippe V le Long	Charles IV le Bel
▶ 1225 *Composition du roman Lancelot*	▶ 1229 *6e croisade* ▶ 1248 *7e croisade* ▶ 1270 *8e croisade*	▶ 1274 *Le pape acquiert le Comtat Venaissin* ▶ 1274 *Mort de saint Thomas d'Aquin*	▶ 1305 *Le pape Clément V se fixe en Avignon* ▶ 1307-1310 *Arrestation et supplice des Templiers*	▶ 1314 *Scandales de la tour de Nesle*	▶ 1320-1322 *Soumission des cathares à Carcassonne, Albi et Cordes*	▶ 1328 *Répression de la révolte flamande* ▶ 1328 *Fin de la dynastie des Capétiens*

Louis IX (Saint Louis)

Louis IX, le célèbre Saint Louis, règne de 1226 à 1270. Ce roi, symbole des vertus chrétiennes, est l'un des plus grands Capétiens, ainsi que l'une des plus hautes figures de l'histoire de France. Chevalier deux fois croisé, mais aussi roi justicier et pacificateur, Saint Louis a suscité, de son temps et longtemps après sa mort, un profond attachement pour la royauté.

© Musée du Louvre, Paris. Erich Lessing/AKG Paris

Un portrait de Louis IX plein de force, celui que le peintre espagnol le Greco a peint en 1590. Musée du Louvre, Paris.

© Jean-Paul Dumontier/AKG Paris

Le jeune Louis reçoit un enseignement sous les yeux de sa mère, Blanche de Castille.

Une éducation profondément chrétienne

L'aîné des cinq fils de Louis VIII et de Blanche de Castille naît à Poissy, le 25 avril 1214. C'est un garçon de douze ans seulement qui est couronné le 8 novembre 1226. Blanche de Castille a été désignée par son mari Louis VIII comme tutrice et régente jusqu'à la majorité du jeune roi.

Sous l'influence de cette mère abusive qu'est Blanche de Castille, le jeune roi reçoit une éducation qui privilégie, pour toute sa vie, la piété chrétienne. Très assidu aux offices, il se lève régulièrement toutes les nuits pour chanter matines.

Hugues Capet	Robert II le Pieux	Henri Ier	Philippe Ier	Louis VI le Gros	Louis VII le Jeune	Philippe II Auguste
▶ **987** *Élection et sacre d'Hugues Capet à Reims*	▶ **1020** *Première œuvre romane datée : les sculptures de l'église Saint-Genis-des-Fontaines*	▶ **1032** *Le Vexin est cédé aux Normands* ▶ **1033** *Grande famine en Occident*	▶ **1066** *Guillaume le Conquérant devient roi d'Angleterre* ▶ **1095** *Le pape Urbain II prêche la 1re croisade*	▶ **1115** *Saint Bernard premier abbé de Clairvaux* ▶ **1118** *Création de l'ordre des Templiers*	▶ **1146** *Bernard de Clairvaux prêche la 2e croisade* ▶ **1163** *Début de la construction de Notre-Dame de Paris*	▶ **1190** *3e croisade* ▶ **1202** *4e croisade* ▶ **1208** *Croisade contre les albigeois* ▶ **1217** *5e croisade*

Il porte sur son corps un cilice et, en mémoire de la mort du Christ, chaque vendredi, il se fait donner la discipline (fouet de pénitence) par son confesseur. Sa vie, de plus en plus monastique au fil des années, ne peut que satisfaire sa mère, qui se plaît à déclarer qu'elle préfère voir son fils mort plutôt que coupable d'un péché mortel.
Saint Louis pratique aussi la vertu chrétienne par excellence : la charité. Il est plein de pitié pour les misérables. Chaque semaine, des distributions de pain et d'argent ont lieu à sa cour. Il multiplie les institutions religieuses. Souvent, il reçoit les pauvres à sa table et parfois il les soigne lui-même. Cette compassion scrupuleuse n'empêche pas le jeune roi d'être aussi un bon chevalier, autant capable de discuter de théologie que de conduire une armée.
Bon époux, il sait se ménager des moments d'intimité avec Marguerite de Provence, épousée en mai 1234. Il veille ensuite à la protéger de la jalousie de son envahissante belle-mère, Blanche de Castille.

Régence contre grands féodaux

Humiliés qu'une femme, la régente Blanche de Castille, puisse commander toute l'« échelle féodale », nombre de barons jugent que l'occasion est favorable pour eux de bousculer la monarchie. Plusieurs coalitions féodales, animées, entre autres, par Philippe de Hurepel (demi-frère du roi), Thibaud de Champagne et le comte de la Marche, Pierre Mauclerc, tentent de fomenter des révoltes, mais finissent par être obligées de négocier leur soumission. Pierre Mauclerc se voit confier les forteresses de Bellême et de La Perrière. Le roi lui-même, menacé par une coalition conduite par Philippe de Hurepel, est secouru par le peuple de Paris. L'agitation est matée en 1229. Pierre Mauclerc, comte de Bretagne, veut faire hommage de son duché à Henri III d'Angleterre. Mais les armées royales obligent le « prince des Bretons » à revenir dans la mouvance française en 1234.

Louis IX a souvent été représenté dans des actes qui font de lui le symbole des hautes valeurs chrétiennes. Et quoi de plus vertueux que de réussir à convertir un croyant d'une autre religion au catholicisme ? Baptême d'un juif en présence de Saint Louis, Livre des faiz de Monseigneur Saint Louis *(XVe siècle). Bibliothèque nationale, Paris.*

La Sainte-Chapelle : un élan divin

Pour abriter dignement les reliques du Bois de la Croix et de la couronne d'épines du Christ, Saint Louis fait construire la Sainte Chapelle. Commencé en janvier 1246, ce reliquaire royal édifié, selon la tradition, par Pierre de Montreuil est consacré le 25 avril 1248. Chef-d'œuvre de l'art gothique monumental, cet édifice est une merveille d'élégance et de légèreté. Les verrières, composées d'admirables vitraux, sont exceptionnellement importantes par rapport à la frêle armature de pierre sans arcs-boutants, maintenue par de puissants contreforts et une structure métallique. Sa verticalité extrême fait penser à une prière de pierre adressée à Dieu.

La lumière du soleil met en valeur les admirables vitraux de la Sainte-Chapelle.

Louis VIII le Lion	**Louis IX (Saint Louis)**	Philippe III le Hardi	Philippe IV le Bel	Louis X le Hutin	Philippe V le Long	Charles IV le Bel
▶ 1225 *Composition du roman* Lancelot	▶ 1229 *6e croisade* ▶ 1248 *7e croisade* ▶ 1270 *8e croisade*	▶ 1274 *Le pape acquiert le Comtat Venaissin* ▶ 1274 *Mort de saint Thomas d'Aquin*	▶ 1305 *Le pape Clément V se fixe en Avignon* ▶ 1307-1310 *Arrestation et supplice des Templiers*	▶ 1314 *Scandales de la tour de Nesle*	▶ 1320-1322 *Soumission des cathares à Carcassonne, Albi et Cordes*	▶ 1328 *Répression de la révolte flamande* ▶ 1328 *Fin de la dynastie des Capétiens*

Saint Louis s'embarquant pour la croisade (XVe siècle). Cabinet des dessins, musée du Louvre.

Bénéficiant de l'aide anglaise, Hugues de Lusignan donne le signal d'une nouvelle révolte dans tout le Sud-Ouest qui se solde aussi par un échec. Les fiefs des Lusignan sont confisqués par le roi en 1242. Bien que Raimond VII de Toulouse ait fait sa soumission au légat du pape en 1229, les cathares seront définitivement vaincus après le siège de Montségur, en 1244. Désormais, le pays est tenu du Nord au Midi, et, pour un temps, la paix règne dans le royaume.

Renforcement et réforme du pouvoir royal

Le roi joue un rôle décisif dans la construction de la monarchie. Dans son long combat pour soumettre les grands féodaux et agrandir le domaine royal, il se comporte avec la foi robuste et intrépide d'un chevalier très chrétien épris de justice et de paix.
Se sentant responsable devant Dieu des agissements de ses agents, le scrupuleux Saint Louis prend des « ordonnances » (décisions administratives) pour définir précisément les droits et les obligations de ses fonctionnaires. Il les fait surveiller par des « enquêteurs », souvent des religieux, qui mettent un terme aux exactions des baillis et des prévôts et font donner suite aux justes plaintes des populations. Il ordonne aussi que de tous les tribunaux du royaume on puisse en « appeler » (faire appel) au roi, comme juge suprême et impartial. Le tribunal du roi prend, à partir de Saint Louis, le nom de « parlement ». L'ensemble de ces réformes renforce considérablement la moralité publique.

Le roi pacificateur

Profondément épris de paix, Saint Louis abomine les guerres entre princes chrétiens parce qu'elles sont l'occasion de commettre de grands péchés.
Sur le domaine royal, il veille à ce que les différends soient de plus en plus réglés par voie de justice et non par les armes. Ne pouvant supprimer les tournois, il ose du moins interdire les guerres privées dans les fiefs de ses vassaux.
À l'extérieur des frontières, il cherche aussi à mettre un terme aux combats avec les autres rois. En 1258, par le traité de Corbeil, Jacques Ier d'Aragon renonce à revendiquer Toulouse, garde Montpellier et se voit reconnaître la suzeraineté sur le Roussillon et la Catalogne.

Le traité de Paris

Concernant le conflit qui oppose depuis plus d'un siècle les Capétiens aux Plantagenêts, Saint Louis signe avec l'Angleterre le « traité de Paris » en 1259, où il renonce à ses droits sur le Limousin et le Périgord. Pour sa part, Henri III d'Angleterre abandonne la Normandie, l'Anjou, la Touraine et le Poitou, et se reconnaît le vassal du roi de France pour le duché de Guyenne.
Saint Louis se veut également un arbitre équitable dont on recherche la médiation.

Une monnaie royale forte

Pour concourir au renforcement de la monarchie, le roi veut une monnaie bonne et stable dans tout le royaume. Les ordonnances monétaires de 1263-1265 énoncent un principe clair et simple : la monnaie du roi a cours dans tout le domaine et entre en concurrence avec celles des grands vassaux qui ont le droit de battre monnaie. Cette première monnaie nationale est le « gros tournois » d'argent, valant douze deniers.

Hugues Capet	Robert II le Pieux	Henri Ier	Philippe Ier	Louis VI le Gros	Louis VII le Jeune	Philippe II Auguste
▶ **987** *Élection et sacre d'Hugues Capet à Reims*	▶ **1020** *Première œuvre romane datée : les sculptures de l'église Saint-Genis-des-Fontaines*	▶ **1032** *Le Vexin est cédé aux Normands* ▶ **1033** *Grande famine en Occident*	▶ **1066** *Guillaume le Conquérant devient roi d'Angleterre* ▶ **1095** *Le pape Urbain II prêche la 1re croisade*	▶ **1115** *Saint Bernard premier abbé de Clairvaux* ▶ **1118** *Création de l'ordre des Templiers*	▶ **1146** *Bernard de Clairvaux prêche la 2e croisade* ▶ **1163** *Début de la construction de Notre-Dame de Paris*	▶ **1190** *3e croisade* ▶ **1202** *4e croisade* ▶ **1208** *Croisade contre les albigeois* ▶ **1217** *5e croisade*

Il essaye de réconcilier Henri III d'Angleterre avec ses barons révoltés. Usant de son ascendant moral, il tente une médiation entre le pape Innocent IV et l'empereur Frédéric II.

Le croisé

Aux yeux de Saint Louis, la seule guerre légitime, c'est celle contre les « infidèles », les musulmans. Durant son règne, il se croise à deux reprises pour aller défendre la Terre sainte.
Pour accomplir un vœu après avoir frôlé la mort lors d'une grave maladie, Louis IX décide de se croiser en 1244.
C'est la septième croisade : en 1248, 25 000 hommes avec 8 000 chevaux font voile pour l'Égypte. Sur place, les croisés s'emparent facilement de la ville de Damiette. Ils parviennent ensuite devant la place forte de la Mansourah.
À la suite d'une contre-offensive des Mamelouks, les armées chrétiennes, atteintes par une épidémie de scorbut, sont décimées et contraintes de battre en retraite. Finalement, Louis IX, malade de dysenterie, est fait prisonnier : son armée est presque anéantie et l'expédition aboutit à un désastre.
En 1250, le roi est libéré contre la restitution de Damiette, et les autres barons contre une rançon de 400 000 livres. Saint Louis reste encore quatre ans en Syrie pour réorganiser l'administration de l'Orient latin.

La dernière croisade de Saint Louis

Alors que le royaume est en paix, Saint Louis décide en 1267 de se croiser à nouveau, contre l'avis de nombre de ses conseillers.
Lors de cette huitième croisade, les croisés débarquent, le 12 juillet, sous les murs de Tunis et installent leur camp dans la plaine de Carthage.
Saint Louis espère obtenir la conversion du roi de Tunis al-Mostansir, en devenir le parrain et étendre la foi du Christ dans la terre d'Afrique.
Mais la dysenterie et le typhus font leur apparition.
Le 25 août 1270, Saint Louis est emporté par la peste. La tradition veut que, en mourant, il ait balbutié un mot : Jérusalem. Bientôt, il est vénéré comme un saint, et il sera canonisé le 11 août 1297 par le pape Boniface VIII.
Après la disparition du roi, un poète anonyme exprime avec émotion la douleur de ceux dont Saint Louis a toujours pris la défense :

« Droit est enseveli
et royauté est morte.
À qui se pourront mais [désormais]
les pauvres gens clamer
Quand le bon roi est mort,
qui tant les sut aimer ? »

L'image de Saint Louis qui est passée à la postérité est celle du roi qui rend la justice personnellement, assis sous un chêne, écoutant les pauvres comme les riches.

Lui et Nous

Une justice égale pour tous

Selon Saint Louis, le premier devoir d'un roi est de rendre bonne et égale justice à chacun. Il reste dans l'imagerie populaire de son temps mais aussi de nos jours comme le roi qui rend lui-même la justice, assis sous un chêne dans le bois de Vincennes. Ce respect de la justice conduit Saint Louis à faire publier sa célèbre ordonnance de 1254, modèle toujours actuel de l'égalité de tous devant la justice : « Nous, Louis, par la grâce de Dieu roi de France, ordonnons que tous nos baillis, vicomtes prévôts, maires et tous les autres, en quelques affaires que ce soit, fassent serment qu'ils feront droit à chacun sans acception de personne, aux pauvres comme aux riches, et à l'étranger comme à l'indigène. »

Louis VIII le Lion	**Louis IX (Saint Louis)**	Philippe III le Hardi	Philippe IV le Bel	Louis X le Hutin	Philippe V le Long	Charles IV le Bel
▶ 1225 *Composition du roman* Lancelot	▶ 1229 *6e croisade* ▶ 1248 *7e croisade* ▶ 1270 *8e croisade*	▶ 1274 *Le pape acquiert le Comtat Venaissin* ▶ 1274 *Mort de saint Thomas d'Aquin*	▶ 1305 *Le pape Clément V se fixe en Avignon* ▶ 1307-1310 *Arrestation et supplice des Templiers*	▶ 1314 *Scandales de la tour de Nesle*	▶ 1320-1322 *Soumission des cathares à Carcassonne, Albi et Cordes*	▶ 1328 *Répression de la révolte flamande* ▶ 1328 *Fin de la dynastie des Capétiens*

Philippe IV le Bel

Entre 1285 et 1314 règne un roi d'une beauté légendaire. Philippe le Bel est son nom. Il gouverne d'une main de fer. Sa prestance n'a d'égale que son intransigeance à l'égard de l'hérésie et du désordre. Très vite, ses ambitions religieuses et politiques se heurtent à celles de son grand rival romain : le pape Boniface VIII...

Philippe IV le Bel (1268-1314) fut l'un des plus grands rois de France. Tableau conservé au château de Versailles.

1285 : le petit-fils de Saint Louis monte sur le trône de France. Les croisades tirent à leur fin et le long conflit franco-anglais — il durera cent ans — commence. Philippe IV est le plus puissant souverain d'Europe. Édouard Ier, roi d'Angleterre, est son vassal. Possesseur de terres en Guyenne, ce dernier se doit de lui prêter hommage. En quelques années, l'héritier de Philippe le Hardi tient tête aux seigneurs, agrandit le domaine royal de la Champagne et précise le rôle des parlements. La raison d'État domine toutes les autres.

Le conflit avec l'Anglais

Janvier 1286. Comme ses prédécesseurs, Philippe IV est sacré à Reims avec son épouse, Jeanne de Navarre, duchesse de Champagne, qu'il a épousée en 1284. À peine âgé de dix-huit ans, le nouveau monarque est un colosse blond pour lequel la grandeur de la France prime tout. Ses ambitions sont à la hauteur de sa prestance.
En 1291 chute la dernière forteresse franque en Terre sainte. Saint-Jean-d'Acre tombe entre les mains des musulmans. Le monde chrétien s'émeut, mais aucune armée n'est levée pour secourir les croisés de Jérusalem. Dès l'année suivante, le climat s'envenime entre les anciens alliés. En tant que duc d'Aquitaine, le roi d'Angleterre prête hommage à Philippe le Bel. En 1293, à la suite d'un incident naval entre Normands et Anglais, le roi de France convoque Édouard Ier à comparaître devant lui. Retenu par les affaires écossaises, le roi d'Angleterre ne répond pas à l'« invitation » de Philippe le Bel. En conséquence Édouard est déclaré déchu de toutes ses possessions en France. Le conflit se profile.
En 1295, les Anglais occupent Bayonne. Philippe hésite à envahir l'Angleterre. Pour soutenir l'effort de guerre, il doit

Hugues Capet	Robert II le Pieux	Henri Ier	Philippe Ier	Louis VI le Gros	Louis VII le Jeune	Philippe II Auguste
► **987** *Élection et sacre d'Hugues Capet à Reims*	► **1020** *Première œuvre romane datée : les sculptures de l'église Saint-Genis-des-Fontaines*	► **1032** *Le Vexin est cédé aux Normands* ► **1033** *Grande famine en Occident*	► **1066** *Guillaume le Conquérant devient roi d'Angleterre* ► **1095** *Le pape Urbain II prêche la 1re croisade*	► **1115** *Saint Bernard premier abbé de Clairvaux* ► **1118** *Création de l'ordre des Templiers*	► **1146** *Bernard de Clairvaux prêche la 2e croisade* ► **1163** *Début de la construction de Notre-Dame de Paris*	► **1190** *3e croisade* ► **1202** *4e croisade* ► **1208** *Croisade contre les albigeois* ► **1217** *5e croisade*

© Bibliothèque nationale, Paris/AKG Paris

Édouard Ier, roi d'Angleterre, rend hommage à Philippe le Bel. Miniature de Jean Fouquet pour les Grandes Chroniques de France. *Bibliothèque nationale, Paris.*

trouver de nouvelles sources de revenus. Il les demande au clergé de France. L'antagonisme avec la papauté connaît son premier acte.

Tensions avec le pape

Le clergé français est dans une position délicate. Certes, le versement d'un impôt (décime) à la monarchie lui assure la protection de Philippe le Bel mais il ne peut par ailleurs désobéir à la papauté : le droit canon interdit la perception d'un impôt sur le clergé de France sans autorisation papale. Le Saint-Siège menace d'excommunication tout souverain qui passerait outre cet interdit.
Le roi de France contre-attaque. Il expulse les collecteurs de taxes pontificales et empêche l'or et l'argent de quitter le royaume. Finalement, le pape transige. En cas de nécessité, le roi peut désormais solliciter les dons du clergé. De son côté, le roi de France fait un pas : les évêques peuvent demander la permission à Rome de verser un impôt à la monarchie.
La canonisation de Louis IX en 1297 traduit un nouveau climat de confiance. Devenu petit-fils d'un saint, Philippe le Bel est le plus digne représentant des souverains de la chrétienté.

Guerre aux frontières

1297. Le royaume connaît de nouvelles difficultés à ses frontières, particulièrement avec les voisins du Nord. À l'instar du roi Édouard, le comte de Flandre dénonce l'hommage qu'il doit à Philippe le Bel et signe une alliance militaire avec l'Angleterre. La réaction française ne se fait pas attendre.
À la tête d'une armée de 60 000 hommes, le roi de fer met le siège devant Lille. Le 13 août 1297, à Furnes, Robert d'Artois bat les Flamands. En juin 1298, une trêve est conclue : malgré la défaite, l'Angleterre récupère la Guyenne, excepté Bordeaux, et la fille du roi de France, Isabelle, est fiancée au fils d'Édouard, le futur Édouard II.
1300. Les cérémonies du jubilé à Rome connaissent une affluence phénoménale. Ce succès renforce chez Boniface le sentiment de supériorité pontificale. « Le pontife romain, déclare-t-il, vicaire du Tout-Puissant, commande aux rois et aux royaumes. »
En 1301, une nouvelle affaire l'oppose à Philippe le Bel : l'évêque de Pamiers, Bernard Saisset, ami de Boniface VIII, est arrêté pour avoir tenu des propos injurieux à l'égard du roi de France. Le pape nie à la Couronne le pouvoir de juger des religieux.

Le désastre de Courtrai

En juillet 1302, la chevalerie française essuie une sérieuse défaite devant les milices du peuple de Flandre. Le désastre de Courtrai réjouit la papauté. Dans la bulle *Unam Sanctam*, le pape réaffirme la supériorité temporelle de l'Église. Le pape n'a pas de supérieur terrestre : « Être soumis au pontife romain demeure pour toute créature nécessité de salut. »
La tension entre Philippe IV et Boniface VIII atteint son point culminant.

Louis VIII le Lion	Louis IX (Saint Louis)	Philippe III le Hardi	**Philippe IV le Bel**	Louis X le Hutin	Philippe V le Long	Charles IV le Bel
▶ 1225 *Composition du roman Lancelot*	▶ 1229 *6e croisade* ▶ 1248 *7e croisade* ▶ 1270 *8e croisade*	▶ 1274 *Le pape acquiert le Comtat Venaissin* ▶ 1274 *Mort de saint Thomas d'Aquin*	▶ 1305 *Le pape Clément V se fixe en Avignon* ▶ 1307-1310 *Arrestation et supplice des Templiers*	▶ 1314 *Scandales de la tour de Nesle*	▶ 1320-1322 *Soumission des cathares à Carcassonne, Albi et Cordes*	▶ 1328 *Répression de la révolte flamande* ▶ 1328 *Fin de la dynastie des Capétiens*

La légitimité du pape est remise en question. Tandis que Français et Anglais se réconcilient, un plan est échafaudé pour briser la résistance pontificale. Le 7 septembre 1303, les troupes de Guillaume de Nogaret envahissent Anagni, la résidence du pape, et arrêtent Boniface.

11 juillet 1302. La défaite de Courtrai

La fleur de la chevalerie française commandée par Robert d'Artois est opposée à une masse hétéroclite de Flamands vêtus de cuir et armés d'épieux. À l'image des artisans et des ouvriers, les chevaliers flamands combattent à pied. Ils portent la terre à leur bouche, signe de ralliement de la piétaille de Flandre. Les deux armées sont séparées par un fossé boueux dissimulé sous des branchages. Après une charge effrénée, les Français, bardés de fer, s'y empêtrent. Six mille d'entre eux périssent dans la plaine marécageuse de Groeminghe, non loin de Courtrai. Ce 11 juillet, le petit peuple de Flandre a eu raison de la plus grande armée d'Europe.

On lui annonce son transfert en France pour le présenter devant un concile rassemblé à Lyon. Mais la population d'Anagni se retourne contre les Français. Le pape regagne Rome, où il meurt un mois plus tard... La réconciliation entre Philippe le Bel et le Saint-Siège s'opère en 1305. Déchirée par les factions, la ville de Rome n'est plus fréquentable. Le nouveau pape, Clément V, ex-archevêque de Bordeaux, s'installe en Avignon, dans le Comtat Venaissin. Philippe IV a désormais un droit de regard sur les agissements de la papauté. Entre-temps, l'armée de Philippe venge le désastre de Courtrai en infligeant une sévère défaite aux Flamands près de Mons-en-Pévèle.

L'argent, toujours...

Dès 1306, la politique financière du roi mécontente ses sujets. Philippe le Bel décide en effet de renforcer la monnaie. Désormais, les seigneurs ne seront plus libres de battre monnaie, seul le roi pourra le faire. Les biens des Juifs sont par ailleurs confisqués. Mais le petit-fils de Saint Louis décide d'aller plus loin :

Costume des chevaliers du Temple, ou Templiers.

le 13 octobre 1307, aux premières heures, tous les Templiers du royaume sont arrêtés et leurs biens saisis. Non seulement Clément V ne s'oppose pas à l'initiative du roi de France, mais il l'encourage. En quelques heures, quelque deux mille Templiers sont jetés aux fers.

Bataille de Courtrai en Flandres (aussi appelée Bataille des éperons d'or), 11 juillet 1302 (victoire des troupes flamandes sur les Français). La cavalerie française charge et tombe dans un fossé boueux dissimulé par des branchages. Enluminure dans les Chroniques de Flandres, 1450. Manuscrit français 2799, fol. 129v.

Hugues Capet	Robert II le Pieux	Henri Ier	Philippe Ier	Louis VI le Gros	Louis VII le Jeune	Philippe II Auguste
▶ **987** *Élection et sacre d'Hugues Capet à Reims*	▶ **1020** *Première œuvre romane datée : les sculptures de l'église Saint-Genis-des-Fontaines*	▶ **1032** *Le Vexin est cédé aux Normands* ▶ **1033** *Grande famine en Occident*	▶ **1066** *Guillaume le Conquérant devient roi d'Angleterre* ▶ **1095** *Le pape Urbain II prêche la 1re croisade*	▶ **1115** *Saint Bernard premier abbé de Clairvaux* ▶ **1118** *Création de l'ordre des Templiers*	▶ **1146** *Bernard de Clairvaux prêche la 2e croisade* ▶ **1163** *Début de la construction de Notre-Dame de Paris*	▶ **1190** *3e croisade* ▶ **1202** *4e croisade* ▶ **1208** *Croisade contre les albigeois* ▶ **1217** *5e croisade*

La persécution des Templiers

Cet ordre de moines-soldats créé pour défendre le tombeau du Christ est devenu très riche. Les Templiers sont des propriétaires terriens mais aussi de grands banquiers. Par ailleurs, la vie des Templiers s'entoure de beaucoup de mystères. Sous le prétexte de vérifier le décime, le grand maître du Temple, Jacques de Molay, et ses disciples sont traduits en justice. À partir d'accusations secrètes proférées par un certain Esquin de Floyran, les Templiers subissent les pires humiliations : on les accuse de cracher sur le crucifix (apostasie) lors de cérémonies occultes, d'adorer des idoles, voire de pratiquer la sodomie. L'idéal de rigueur et de discipline défendu par les Templiers est pourtant partagé par le monarque, mais Philippe le Bel jalouse leur richesse et craint leur puissance militaire. On leur reproche la défaite en Terre sainte.
Le procès des Templiers dure sept longues années. Le 18 mars 1314, les quatre derniers hauts dignitaires de l'ordre sont brûlés vifs sur le parvis de Notre-Dame. Au milieu des flammes, Jacques de Molay a le temps d'assigner le pape Clément V et Philippe le Bel à comparaître avant quarante jours devant le tribunal de Dieu ! Prédiction divine ? La même année, Clément V rend l'âme le 20 avril et Philippe le Bel meurt le 29 novembre.

Jacques de Molay condamné au bûcher. Miniature tirée de la Chronique de Saint-Denis, manuscrit français de la fin du XIVe siècle (manuscrit royal 20 CVII fol. 48). British Library, Londres.

© British Library, Londres/Bridgeman-Giraudon

Lui et Nous

Les premiers facteurs

Mis en place au cours du règne de Philippe le Bel, ils réunissent à la fois les fonctions de huissier, de tambour de ville et de garde champêtre. Ils portent des noms différents selon les villes. Appelés les huches à Montferrand, à Paris ils sont nommés « messagers à pié » : ils montent à cheval, franchissent allègrement douze lieues par jour et sont nourris à la cour. Ils sont même indemnisés pour leurs vêtements. Ces premiers facteurs sont exemptés de nombreuses taxes. À titre d'exemple, la taille royale et la dîme versée au clergé ne leur sont pas imposées. Les « messagers de l'Université » sont créés pour faciliter la circulation des nouvelles entre les étudiants et leurs parents.

Le scandale de la tour de Nesle

Vers la fin du règne de Philippe le Bel éclate un scandale. Les trois belles-filles du roi tombent en disgrâce. Leur crime : l'adultère. Élégantes, raffinées, rieuses, Marguerite de Bourgogne, femme du futur Louis X le Hutin, et les sœurs Blanche et Jeanne, épouses des deux autres fils du roi, ont délibérément trompé leurs maris d'essence royale avec les chevaliers d'Aulnay, qu'elles recevaient dans la tour de Nesle. Leur accusatrice n'est autre que la fille de Philippe le Bel, Isabelle. La Louve de France, que l'on a donnée en mariage quelques années plus tôt à Édouard II, est blessée dans son mariage, le roi d'Angleterre lui préférant les hommes. Isabelle jalouse la beauté et la vie de ses belles-sœurs. En mai 1313, l'heure de la vengeance a sonné : la fille du roi constate que les aumônières offertes intentionnellement à ses belles-sœurs pendent à la ceinture d'obscurs chevaliers. Le crime d'adultère est sévèrement puni : Marguerite et Blanche sont arrêtées, tondues et jetées en prison. Leurs amants connaissent un sort encore plus terrible. Torturés, émasculés en public, décapités, les frères d'Aulnay sont pendus par les aisselles au gibet à Pontoise.

© Jean-Loup Charmet

La tour de Nesle. Cette gravure représente les trois épouses des fils de Philippe le Bel, impliquées dans une sombre histoire d'adultère, au pied de la tour où se tenaient les rendez-vous.

Louis VIII le Lion	Louis IX (Saint Louis)	Philippe III le Hardi	**Philippe IV le Bel**	Louis X le Hutin	Philippe V le Long	Charles IV le Bel
▶ 1225 *Composition du roman* Lancelot	▶ 1229 *6e croisade* ▶ 1248 *7e croisade* ▶ 1270 *8e croisade*	▶ 1274 *Le pape acquiert le Comtat Venaissin* ▶ 1274 *Mort de saint Thomas d'Aquin*	▶ 1305 *Le pape Clément V se fixe en Avignon* ▶ 1307-1310 *Arrestation et supplice des Templiers*	▶ 1314 *Scandales de la tour de Nesle*	▶ 1320-1322 *Soumission des cathares à Carcassonne, Albi et Cordes*	▶ 1328 *Répression de la révolte flamande* ▶ 1328 *Fin de la dynastie des Capétiens*

Les Valois

AN 1328...			LES VALOIS			
Philippe VI de Valois *1293-1350* Roi de France 1328-1350	Jean II le Bon *1319-1364* Roi de France 1350-1364	Charles V le Sage *1338-1380* Roi de France 1364-1380	Charles VI le Fou *1368-1422* Roi de France 1380-1422	Charles VII le Victorieux *1403-1461* Roi de France 1422-1461	Louis XI *1423-1483* Roi de France 1461-1483	Charles VIII *1470-1498* Roi de France 1483-1498

LES VALOIS						... AN 1589
Louis XII	**François Ier**	**Henri II**	**François II**	**Charles IX**	***Catherine de Médicis***	**Henri III**
1462-1515	*1494-1547*	*1519-1559*	*1544-1560*	*1550-1574*	*1519-1589*	*1551-1589*
Roi de France 1498-1515	Roi de France 1515-1547	Roi de France 1547-1559	Roi de France 1559-1560	Roi de France 1560-1574	*Régente 1560-1563*	Roi de France 1574-1589

Philippe VI de Valois

En mai 1328 est sacré à Reims le premier des Valois, Philippe VI. Exaspéré par l'attitude du roi de France à l'égard de l'Écosse et de la Guyenne, le roi d'Angleterre lui refuse son hommage : à l'automne 1337, le long conflit franco-anglais se met en marche. Le désastre de Crécy, en 1346, et la prise de Calais l'année suivante sont autant de déroutes françaises. Aux défaites militaires s'ajoute la peste noire, en 1348, qui va décimer près du tiers de la population française...

© Gérard Blot/Photo RMN

Philippe VI de Valois (1293-1350). Portrait conservé au château de Versailles.

Le poids de la loi salique

1328. Tout comme ses frères, Charles IV est mort sans laisser d'héritier mâle. Au nom de la loi salique, qui interdit aux femmes de prétendre à la couronne de France, le mari de la fille de Louis X, le comte d'Évreux et, surtout, le fils d'Isabelle d'Angleterre — fille de Philippe le Bel —, Édouard III, sont écartés du pouvoir. Qu'un Anglais devienne roi de France, il n'en est pas question. Le 29 mai 1328, le fils de Charles de Valois — frère de Philippe le Bel — monte donc sur le trône. Le nouveau roi, qui prend le nom de Philippe VI, épouse Jeanne de Bourgogne.

Naissance d'une dynastie

Philippe VI est le premier roi qui ne descend pas en ligne directe de Hugues Capet depuis l'année 987. Avec lui s'ouvre une nouvelle dynastie : celle des Valois. Le jeune Édouard III attend le mois de mars 1329 pour prêter au roi de France l'hommage dû par le vassal au suzerain. Un hommage certes réticent, mais par cet acte le duc de Guyenne se reconnaît comme vassal de son cousin Philippe VI. Au cours de cette rencontre d'Amiens éclate une autre affaire : celle de Robert d'Artois. Ce dernier, qui a épousé la sœur de Philippe VI, conteste les terres de sa tante Mahaut. Après une très longue enquête

Philippe VI de Valois	Jean II le Bon	Charles V le Sage	Charles VI le Fou	Charles VII le Victorieux	Louis XI	Charles VIII
▶ **1337** *Début de la guerre de Cent Ans* ▶ **1346** *Siège de Calais* ▶ **1348** *La grande peste*	▶ **1356-1358** *Étienne Marcel dirige le soulèvement du peuple de Paris* ▶ **1358** *Grande Jacquerie*	▶ **1373** *Première œuvre du gothique flamboyant (cathédrale d'Amiens)* ▶ **1374** *Dernières persécutions contre les cathares*	▶ **1396** *Début du conflit entre « Armagnacs » et « Bourguignons »* ▶ **1415** *Bataille d'Azincourt*	▶ **1431** *Jeanne d'Arc brûlée à Rouen* ▶ **1453** *Fin de la guerre de Cent Ans*	▶ **1470** *Une imprimerie à la Sorbonne* ▶ **1477** *Mort de Charles le Téméraire à Nancy*	▶ **1495** *Les Français entrent à Naples* ▶ **1494** *Naissance de François Rabelais*

La bataille de l'Écluse en 1340. Page des Chroniques de Jean Froissart, manuscrit en velin. Bibliothèque nationale, Paris.

de plus de deux ans, la mauvaise foi de Robert d'Artois est mise en évidence. Tous les actes et titres invoqués par lui se révèlent faux. Condamné au bannissement et à la confiscation de ses biens, Robert d'Artois est contraint à l'exil. Il se réfugie à la cour d'Angleterre. En 1336, il pousse Édouard III à entrer en conflit avec la monarchie française.

Écosse, terre de discorde

Le soutien sans conditions du Valois à la cause écossaise a tôt fait d'exaspérer la Couronne anglaise. Chassé de son pays par un prétendant favorable aux Anglais, David Bruce, fils du principal artisan de l'indépendance de l'Écosse, s'est réfugié à la cour de France. La riposte d'Édouard III s'opère sur le terrain commercial. Le 22 août 1336, il interdit la vente des laines anglaises en Flandre, alors alliée de la France.
De son côté, Philippe VI prononce la saisie de la Guyenne tout entière. La guerre semble désormais inévitable. Le 29 septembre 1337, l'évêque de Lincoln porte les lettres de défi à Philippe VI. Édouard exprime son intention de soutenir par la force ses droits à la succession des Capétiens. Philippe VI est qualifié de « soi-disant roi de France ».

Guerre à l'Anglais !

En 1340, un nouveau pas est franchi. Édouard III s'octroie à Gand le titre de roi de France. La première grande bataille de la guerre de Cent Ans est navale. Le 24 juin 1340, les 202 nefs de l'escadre française sont défaites dans l'avant-port de Bruges par les 147 navires de la flotte anglaise. À la suite de ce désastre naval, une première trêve d'un an est signée à Esplechin entre les deux belligérants. En attendant, Édouard recouvre ses terres d'Aquitaine. Les hostilités rebondissent en Bretagne où l'héritage du duc, mort en avril 1341, est disputé entre deux candidats : Jean de Montfort, soutenu par les Anglais, s'oppose au favori de Philippe VI. Malgré la conclusion d'une nouvelle trêve, les combats reprennent en Guyenne et la guerre s'éternise en Bretagne.

La peste noire

Apparue en Crimée à la suite du catapultage de cadavres pestiférés dans une ville assiégée par les troupes tartares, la peste bubonique gagne les côtes françaises à la fin de l'année 1347. Rapportée malencontreusement par les navires des négociants, cette maladie transmise par la puce du rat s'étend rapidement en France puis dans toute l'Europe. Toutes les couches de la population sont touchées. On succombe en l'espace de quatre à cinq jours. En 1348, près d'un Français sur trois en meurt. À titre d'exemple, la seule ville de Lyon perd 45 000 habitants.

Un évêque bénit des moines pestiférés. Enluminure d'un manuscrit anglais de 1360. British Library, Londres.

Louis XII	François Ier	Henri II	François II	Catherine de Médicis	Charles IX	Henri III
▶ 1504 *Les Français perdent Naples puis l'Italie (1512)* ▶ 1515 *Création d'un parlement en Normandie*	▶ 1515 *Bataille de Marignan* ▶ 1520 *Entrevue du Camp du Drap d'Or*	▶ 1550-1552 *Pierre de Ronsard écrit Odes et Amours* ▶ 1559 *Traités du Cateau-Cambrésis*	▶ 1560 *Conjuration d'Amboise*	▶ 1562 *Après le massacre de Vassy, les protestants se révoltent : début des guerres de Religion*	▶ 1572 *La Saint-Barthélemy*	▶ 1585 *Fin des guerres de Religion* ▶ 1589 *Fin de la dynastie des Valois*

© Bibliothèque nationale, Paris/Jean-Loup Charmet

La bataille de Crécy. À gauche, un arbalétrier génois tente sans succès de tendre la corde de son arme tandis que les archers anglais tirent sans répit.

Crécy ou la victoire de l'arc sur l'arbalète

Le samedi 26 août 1346, la meilleure cavalerie féodale d'Europe est défaite par la piétaille des coutiliers gallois (ces soldats qui achèvent à terre les cavaliers après avoir tué leurs chevaux). Mieux que les troupes françaises, les Anglais ont su s'adapter aux circonstances. En effet, peu de temps avant la bataille, un orage a changé les données du combat. Les archers anglais ont protégé leurs arcs de la pluie battante.

De leur côté, les arbalétriers génois sont désemparés : distendues par l'humidité, les cordes de leurs armes sont totalement inefficaces.

L'arc anglais est, quant à lui, une merveille technologique. D'une hauteur de 2 mètres, fait en if, il a une portée de 400 mètres. Il peut lancer 6 flèches à la minute. Longues d'un mètre et faites en frêne, ces flèches peuvent perforer un panneau de bois épais de 3 centimètres.

Philippe VI de Valois	Jean II le Bon	Charles V le Sage	Charles VI le Fou	Charles VII le Victorieux	Louis XI	Charles VIII
▶ **1337** *Début de la guerre de Cent Ans* ▶ **1346** *Siège de Calais* ▶ **1348** *La grande peste*	▶ **1356-1358** *Étienne Marcel dirige le soulèvement du peuple de Paris* ▶ **1358** *Grande Jacquerie*	▶ **1373** *Première œuvre du gothique flamboyant (cathédrale d'Amiens)* ▶ **1374** *Dernières persécutions contre les cathares*	▶ **1396** *Début du conflit entre « Armagnacs » et « Bourguignons »* ▶ **1415** *Bataille d'Azincourt*	▶ **1431** *Jeanne d'Arc brûlée à Rouen* ▶ **1453** *Fin de la guerre de Cent Ans*	▶ **1470** *Une imprimerie à la Sorbonne* ▶ **1477** *Mort de Charles le Téméraire à Nancy*	▶ **1495** *Les Français entrent à Naples* ▶ **1494** *Naissance de François Rabelais*

Lui et Nous

Les premiers canons

Crécy marque les débuts de l'artillerie à feu. Le canon est en effet apparu sous le règne de Philippe VI. Les fûts des premiers canons ne sont pas coulés, mais composés de barres soudées entre elles.
Appelées à l'époque des bombardes, ces armes longues de 7 mètres sont fabriquées en fer ou en bronze. Chargés par la gueule, ces canons peuvent projeter des boulets de pierre de près de 500 kg.

Canon pour la guerre de siège, XIVe et XVe siècles.

Pour soutenir l'effort militaire, Philippe VI étend la gabelle à tout le royaume : l'impôt sur le sel doit financer l'armée. En 1346, le conflit prend une nouvelle dimension. Débarquée à Saint-Vaast-la-Hougue, une armée anglaise forte de 13 000 hommes traverse le Cotentin en une chevauchée conquérante. Les archers anglais viennent rapidement à bout des places de Carentan et de Saint-Lô. Le but d'Édouard n'est pas de marcher sur Paris. Il veut se rapprocher de la Flandre et établir une solide tête de pont à Calais. Pendant ce temps, les meilleures troupes françaises sont retenues en Guyenne.

De Crécy à Calais

Le 26 août 1346, Édouard s'installe sur une colline protégée à l'arrière par la forêt de Crécy. Face à lui, l'armée française est épuisée après une longue marche. La bataille de Crécy consacre la victoire des archers anglais sur les arbalétriers génois. La chevalerie française est en retard d'une guerre. Empêtrés dans leurs lourdes armures, les chevaliers de Philippe VI sont très vulnérables une fois à terre : 1 500 d'entre eux périssent sur la rive droite de la Somme. Philippe VI est désemparé. Dès le 29 août, Édouard et ses troupes chevauchent vers Calais. Il veut s'assurer une place de débarquement proche des côtes anglaises. Devant la résistance des Calaisiens, les troupes d'Édouard III organisent un blocus. Il faut affamer la population. Une véritable ville parallèle est construite : Villeneuve la Hardie. Paralysé par le souvenir du désastre de Crécy, Philippe VI abandonne Calais aux Anglais. En août 1347, la ville capitule. Édouard accepte de ne pas massacrer la population. En chemise et pieds nus, six des bourgeois parmi les plus notables apportent les clefs de la cité au nouveau maître...

Le prix de la guerre

Épuisés par la guerre, les deux pays concluent une nouvelle trêve d'un an. Leurs finances sont au plus mal. Édouard conserve les terres conquises. Sitôt le conflit apaisé, un autre fléau surgit : la peste noire. Apparue au mois de novembre 1347 à Marseille, elle se répand dans toute la France en l'espace de quelques mois. Sans doute emportée par cette maladie, la reine Jeanne de Bourgogne meurt.

En janvier 1349, Philippe VI se remarie avec sa cousine, Blanche de Navarre. Le 22 août 1350, le premier des Valois est lui-même victime de la peste. Il s'éteint à l'âge de cinquante-sept ans, à Nogent-le-Roi, près de Dreux.

Auguste Rodin. Les Bourgeois de Calais. *La ville de Calais commanda vers 1880 une sculpture pour commémorer le sacrifice des bourgeois de la ville qui, en 1347, se livrèrent aux Anglais pour que la population soit épargnée.*

Louis XII	François Ier	Henri II	François II	Catherine de Médicis	Charles IX	Henri III
▶ **1504** *Les Français perdent Naples puis l'Italie (1512)* ▶ **1515** *Création d'un parlement en Normandie*	▶ **1515** *Bataille de Marignan* ▶ **1520** *Entrevue du Camp du Drap d'Or*	▶ **1550-1552** *Pierre de Ronsard écrit Odes et Amours* ▶ **1559** *Traités du Cateau-Cambrésis*	▶ **1560** *Conjuration d'Amboise*	▶ **1562** *Après le massacre de Vassy, les protestants se révoltent : début des guerres de Religion*	▶ **1572** *La Saint-Barthélemy*	▶ **1585** *Fin des guerres de Religion* ▶ **1589** *Fin de la dynastie des Valois*

Charles V le Sage

Charles V est peu connu et s'efface devant Bertrand du Guesclin, son grand capitaine de guerre. Pourtant, arrivé au pouvoir à la suite d'événements catastrophiques, en 1356, il est le roi d'un sursaut. Les défaites de la guerre de Cent Ans contre les Anglais vont cesser pour un temps. Mais, avant tout, Charles V est un roi lettré et restera avec Saint Louis le modèle du roi sage et juste.

Bertrand du Guesclin à genoux devant Charles V. Chronique en prose de Charles V et sa cour *(XVe siècle). Bibliothèque municipale, Rouen.*

Le premier dauphin

Fils de Jean II le Bon et de Bonne de Luxembourg, Charles naît le 21 janvier 1338. Il est le premier héritier du roi à porter le titre de Dauphin, car on lui attribue en 1349 le Dauphiné, province du sud-est de la France dont la capitale est Grenoble. Il arrive au pouvoir alors que la France connaît un des moments les plus tragiques de la guerre de Cent Ans. En effet, le 19 septembre 1356, à Poitiers, l'armée française est écrasée par les soldats anglais du Prince Noir, fils du roi d'Angleterre Édouard III. Le roi Jean II est capturé. Au nom du roi prisonnier, Charles, lieutenant général du royaume, doit diriger le pays. Il est bien seul et n'a que dix-huit ans.

Lieutenant général du royaume

La faiblesse apparente de Charles fait éclater une grave crise. La guerre avait obligé le roi Jean à convoquer une assemblée, les états généraux, pour lever de nouveaux impôts. Les représentants de toute la France s'y retrouvent et ont l'occasion de donner leurs avis sur la politique royale. Villes et marchands essayent d'y obtenir des pouvoirs politiques. Après la capture du roi, le chef des marchands de Paris, le prévôt Étienne Marcel, et Robert le Coq, évêque de Laon, essayent de contrôler le pouvoir royal. Pour faire pression sur Charles, Étienne Marcel met en grève les artisans de Paris, organisés en métiers. Autre mauvaise nouvelle, Charles le Mauvais, roi de Navarre, emprisonné par Jean II, se retrouve libre en novembre 1357. Étienne Marcel en profite : le 22 février 1358, il organise dans Paris une manifestation qui vite dégénère. Deux maréchaux sont massacrés sous les yeux de Charles. Celui-ci réagit, se proclame régent, c'est-à-dire gouverneur du royaume, et quitte la capitale. Il va rallier les nobles de Normandie et de Picardie pour isoler Paris.

La Grande Rebeyne

Alors que les troupes royales et les Parisiens soulevés sont prêts à l'affrontement, une grande révolte éclate dans les campagnes autour de Paris. Les paysans attaquent violemment les châteaux : c'est la Grande Rebeyne de 1358. Étienne Marcel a peut-être encouragé cette révolte contre le roi, mais la guerre de Cent Ans en est la vraie cause : on rend la noblesse responsable des défaites françaises.

Philippe VI de Valois	Jean II le Bon	**Charles V le Sage**	Charles VI le Fou	Charles VII le Victorieux	Louis XI	Charles VIII
▶ 1337 *Début de la guerre de Cent Ans* ▶ 1346 *Siège de Calais* ▶ 1348 *La grande peste*	▶ 1356-1358 *Étienne Marcel dirige le soulèvement du peuple de Paris* ▶ 1358 *Grande Jacquerie*	▶ 1373 *Première œuvre du gothique flamboyant (cathédrale d'Amiens)* ▶ 1374 *Dernières persécutions contre les cathares*	▶ 1396 *Début du conflit entre « Armagnacs » et « Bourguignons »* ▶ 1415 *Bataille d'Azincourt*	▶ 1431 *Jeanne d'Arc brûlée à Rouen* ▶ 1453 *Fin de la guerre de Cent Ans*	▶ 1470 *Une imprimerie à la Sorbonne* ▶ 1477 *Mort de Charles le Téméraire à Nancy*	▶ 1495 *Les Français entrent à Naples* ▶ 1494 *Naissance de François Rabelais*

Un grand capitaine

Bertrand du Guesclin bat Charles le Mauvais à Cocherel, en mai 1364. Il débarrasse ensuite le royaume des Grandes Compagnies. Celles-ci étaient formées d'anciens soldats qui sillonnaient le pays et terrorisaient la population. La guerre avec l'Angleterre reprend en 1369. À la mort de Charles V, les Anglais n'occupent plus qu'une partie de la province de la Guyenne, Calais et Cherbourg. Dans ces combats, l'énergie de Bertrand du Guesclin est décisive. En 1370, il est fait connétable, c'est-à-dire commandant en chef de l'armée royale. Il meurt de maladie le 13 juillet 1380, alors qu'il combat en Auvergne. Il reste l'exemple du parfait chevalier fidèle à son roi.

Christine de Pisan, qui fut l'une des femmes de lettres les plus célèbres du Moyen Âge, présente son livre, le Livre des faits et bonnes mœurs du sage roi Charles V, *à Isabeau de Bavière.*

Les nobles se regroupent et, dirigés par Charles le Mauvais, écrasent la révolte paysanne, le 10 juin 1358, à Mello. La répression qui suit est féroce. À Paris, certains marchands pensent qu'Étienne Marcel est allé trop loin. Le 31 juillet, il est assassiné. Le 2 août, Paris rouvre enfin ses portes.

Un roi sage

Charles ne devient roi qu'en 1364, lorsque Jean II meurt en captivité. Le nouveau roi a le long nez de son père, le visage allongé, les yeux marron, le teint pâle et une silhouette fragile. De santé maladive, il ne se bat jamais et préfère laisser le commandement de ses armées à de grands capitaines comme Bertrand du Guesclin. Cette attitude est mal reçue par la population. Il faut à la France un roi victorieux. Cependant, Charles veut effacer les défaites françaises. Il rompt d'abord l'isolement de la France, en se rapprochant de la Flandre, au nord, et de la Castille, au sud. Il s'appuie aussi sur la papauté d'Avignon et sur l'empereur allemand, Charles IV. Charles V est le premier à mettre en avant la loi salique pour la succession royale en France. Celle-ci exclut les femmes de la succession au trône. Elle empêche ainsi les Anglais de réclamer la couronne de France, qu'ils revendiquent comme héritage maternel après qu'Aliénor d'Aquitaine, épouse répudiée du roi de France Louis VII, eut épousé le roi d'Angleterre Henri II.

Le corps d'Étienne Marcel est montré au dauphin Charles de France, futur Charles V. Tableau de B. Ulmann (1873), musée Crozatier, Le Puy-en-Velay.

Un roi lettré

Charles V est aussi un lettré. On l'a souvent représenté seul et entouré de livres. On sait qu'il portait des besicles pour lire. Il s'entoure de grands hommes de lettres comme Nicolas Oresme. Il leur commande des ouvrages, fait reprendre la rédaction des *Grandes Chroniques de France* en 1375-1379 et développe la bibliothèque que son père a installée au Louvre. Celle-ci sera cependant dispersée à la mort de Charles V, le 13 septembre 1380.

Lui et Nous

La première « Bibliothèque nationale »

Charles V est en fait le premier roi à constituer une collection privée de livres. Il est le fondateur de la Bibliothèque royale. Seuls le roi, les hommes de l'administration royale et les proches du roi y avaient accès. On pouvait y consulter des romans, des livres d'histoire et, surtout, des livres de science politique. Elle comptait 917 volumes en 1373. Cette collection est à l'origine de la Bibliothèque nationale, même si elle fut dispersée à la mort du roi : le principe fut repris et parvint jusqu'à nous.

Louis XII	François Ier	Henri II	François II	Catherine de Médicis	Charles IX	Henri III
▶ **1504** *Les Français perdent Naples puis l'Italie (1512)* ▶ **1515** *Création d'un parlement en Normandie*	▶ **1515** *Bataille de Marignan* ▶ **1520** *Entrevue du Camp du Drap d'Or*	▶ **1550-1552** *Pierre de Ronsard écrit Odes et Amours* ▶ **1559** *Traités du Cateau-Cambrésis*	▶ **1560** *Conjuration d'Amboise*	▶ **1562** *Après le massacre de Vassy, les protestants se révoltent : début des guerres de Religion*	▶ **1572** *La Saint-Barthélemy*	▶ **1585** *Fin des guerres de Religion* ▶ **1589** *Fin de la dynastie des Valois*

Charles VII le Victorieux

Charles VII est le cinquième fils de Charles VI et d'Isabeau de Bavière. Le fils de Charles le Fou semble d'abord écrasé par l'héritage paternel. Son caractère est lent à s'affirmer et il fait bien pâle figure à côté de Jeanne d'Arc et du financier Jacques Cœur qui l'ont aidé. Il est pourtant le vainqueur de la guerre de Cent Ans. Fut-il Charles « le Victorieux » ou « le Bien-Servi » ?

Jean Fouquet. Portrait de Charles VII le Victorieux (1403-1461). Peinture sur bois conservée au Louvre, Paris.

Des débuts difficiles

Charles VII est né à Paris le 22 février 1403. La folie de son père, sa fuite de Paris, prise par les Bourguignons en 1418, font de lui une personne timide et sans caractère affirmé. Charles n'est pas beau. Il a le nez long et de petits yeux, les épaules étroites, mais une vraie sensibilité et son beau timbre de voix lui donnent un certain charme. À la suite de la défaite d'Azincourt, sa mère, la reine Isabeau, le renie en le déclarant bâtard et signe avec les Anglais le traité de Troyes, qui déshérite Charles au profit du roi d'Angleterre Henri V !

Le roi de Bourges

Henri V meurt en août 1422, et le duc de Bedford devient régent pour le compte de son neveu encore mineur Henri VI. Charles n'est plus rien. Il n'est que le « roi de Bourges », ville au sud de la Loire où il a installé sa petite cour. Il se marie avec Marie d'Anjou en 1422. Il ne règne que sur les Armagnacs, ses partisans. Seules quelques régions de l'Est ainsi que le Midi et le Centre lui restent encore fidèles, et l'alliance écossaise lui permet de recruter des soldats. De plus, Charles n'a même pas pu recevoir le sacre, car les Anglo-Bourguignons bloquent la route de Reims, ville où les rois de France sont sacrés depuis Philippe Auguste. La guerre reprend dès 1423. Les Bourguignons et les Anglais, alliés par le traité d'Amiens, écrasent l'armée écossaise à Verneuil, en août 1424. Arthur, comte de Richemont, est alors désigné pour diriger l'armée.

Philippe VI de Valois	Jean II le Bon	Charles V le Sage	Charles VI le Fou	Charles VII le Victorieux	Louis XI	Charles VIII
▶ 1337 *Début de la guerre de Cent Ans* ▶ 1346 *Siège de Calais* ▶ 1348 *La grande peste*	▶ 1356-1358 *Étienne Marcel dirige le soulèvement du peuple de Paris* ▶ 1358 *Grande Jacquerie*	▶ 1373 *Première œuvre du gothique flamboyant (cathédrale d'Amiens)* ▶ 1374 *Dernières persécutions contre les cathares*	▶ 1396 *Début du conflit entre « Armagnacs » et « Bourguignons »* ▶ 1415 *Bataille d'Azincourt*	▶ 1431 *Jeanne d'Arc brûlée à Rouen* ▶ 1453 *Fin de la guerre de Cent Ans*	▶ 1470 *Une imprimerie à la Sorbonne* ▶ 1477 *Mort de Charles le Téméraire à Nancy*	▶ 1495 *Les Français entrent à Naples* ▶ 1494 *Naissance de François Rabelais*

Jeanne d'Arc, la Pucelle d'Orléans (vers 1410-1431). Illustration d'un livre sur parchemin (vers 1430). Archives nationales, Paris.

Les Anglais font la conquête du Maine en 1425 et 1426 tandis que la cour de Charles est le lieu d'intrigues entre les capitaines écossais, Richemont et un autre militaire, La Trémoille. Richemont est disgracié en 1427, alors que les Anglais échouent devant Montargis, face au fils illégitime d'Orléans, le futur Dunois.

Et Jeanne d'Arc vint...

Jeanne d'Arc est née en janvier 1412 à Domrémy, en Lorraine. Un jour de 1425 où son village natal est attaqué par les Bourguignons, elle entend des voix lui dire d'aller voir le roi pour sauver le royaume des Anglais. Elle convainc Baudricourt, capitaine de Vaucouleurs, de la conduire auprès de Charles. En mars 1429, elle arrive à Chinon, où le roi s'est installé. Là, Jeanne subit de façon concluante un examen religieux et médical pour savoir si elle n'est pas une sorcière. Après un entretien qui est resté secret, Charles lui confie une petite armée. Elle entre dans Orléans à la fin du mois d'avril 1429, accueillie par Dunois, puis force les Anglais à lever le siège de la ville. Après divers succès, Jeanne défait l'armée anglaise de Talbot à Patay, en juin 1429. La route de Reims est progressivement ouverte. Charles peut enfin être sacré le 17 juillet et devenir ainsi roi par la grâce de Dieu. « Le gentil Dauphin », comme l'appelle Jeanne, est désormais vraiment roi. On doit cependant quelque peu improviser, car la couronne est à Saint-Denis, aux mains des Anglais. Après le sacre, Jeanne poursuit sa chevauchée. L'Orléanais, la Champagne et le Valois passent aux mains des Français. Cependant, Jeanne échoue devant Paris en septembre 1429. Charles signe une trêve avec les Bourguignons et renonce ainsi à Paris. Il semble accorder peu d'intérêt désormais à Jeanne, qui continue pourtant à mener de petits combats.

Jeanne abandonnée

Elle finit par être capturée par un fidèle du duc de Bourgogne qui la livre aux Anglais. Elle est jugée pour hérésie, c'est-à-dire pour une attitude et des convictions contraires à la foi chrétienne. L'université de Paris, pro-anglaise, est dans les rangs de l'accusation. Le procès qui a lieu à Rouen est dirigé par l'évêque de Beauvais, Pierre Cochon.

Jeanne d'Arc à Loches annonçant à Charles VII la libération d'Orléans. Miniature sur fond d'or d'un manuscrit du xve siècle. Maison Jeanne-d'Arc, Orléans.

Lui et Nous

Les compagnies d'ordonnance

Par les ordonnances de 1445 et de 1448, Charles crée 15 compagnies de 100 lances chacune. Une lance est égale à 6 hommes. L'armée de campagne comprenait 1 500 lances, soit 9 000 hommes au total. La solde est bientôt versée intégralement en argent et les soldats sont logés par les villes où ils stationnent. Le recrutement se fait parmi la noblesse et élimine de l'armée les fils illégitimes de petite noblesse et les hommes sans fortune venus grossir les rangs de l'armée du roi dans les temps difficiles. Pour diriger ces compagnies, le roi choisit désormais 15 capitaines. Il peut ainsi écarter les grands princes trop indépendants et placer ses fidèles. L'armée devient vraiment royale et permanente.

Louis XII	François Ier	Henri II	François II	Catherine de Médicis	Charles IX	Henri III
▶ 1504 *Les Français perdent Naples puis l'Italie (1512)* ▶ 1515 *Création d'un parlement en Normandie*	▶ 1515 *Bataille de Marignan* ▶ 1520 *Entrevue du Camp du Drap d'Or*	▶ 1550-1552 *Pierre de Ronsard écrit Odes et Amours* ▶ 1559 *Traités du Cateau-Cambrésis*	▶ 1560 *Conjuration d'Amboise*	▶ 1562 *Après le massacre de Vassy, les protestants se révoltent : début des guerres de Religion*	▶ 1572 *La Saint-Barthélemy*	▶ 1585 *Fin des guerres de Religion* ▶ 1589 *Fin de la dynastie des Valois*

L'histoire de Jeanne d'Arc n'a pas fini d'inspirer les peintres. Jeanne d'Arc conduite au supplice, *peinture d'Isidore Patrois, 1867. Musée des Beaux-Arts, Rouen.*

Jeanne est condamnée et brûlée vive le 30 mai 1431 sur la place du Vieux-Marché. Charles n'avait pas esquissé le moindre geste en faveur de celle à qui il devait la renaissance de son autorité. Pourquoi ? Il semble que, en sacrifiant Jeanne d'Arc, Charles ait réconcilié tous les membres de la cour.

En effet, nombre d'entre eux étaient pour la paix avec la Bourgogne, comme La Trémoille. Pourtant, Jeanne est hostile aux Anglais et non à la Bourgogne. Mais le roi ne pouvait devoir son trône à une hérétique. C'est seulement à partir de 1450 qu'il entreprend les démarches auprès du pape pour faire annuler le procès.

Agnès Sorel

Bien que marié, Charles VII eut de nombreuses maitresses. C'est vers 1443 qu'Agnès Sorel, âgée d'une vingtaine d'années, devint la favorite officielle du roi, la première des grandes favorites royales. Elle fut surnommée la « dame de Beauté », du nom de la ville de Beauté-sur-Loire, où Charles lui avait offert un manoir. Elle mourut subitement en février 1450, et on accusa le dauphin Louis, puis Jacques Cœur, de l'avoir empoisonnée. On a exagéré son influence sur le roi, car celui-ci changea beaucoup du jour où il la rencontra. Lui, si discret et aimant l'intimité, devint plus coquet et mondain. À quarante ans, le roi semblait pour la première fois amoureux.

Portrait d'Agnès Sorel (XVe siècle). Le sein découvert est un symbole de générosité et de bonté. Château de Loches.

La reconquête de Paris

Pour l'heure, Charles n'en a pas fini avec les Anglais. Ne pouvant gagner Reims, Henri VI d'Angleterre se fait sacrer roi de France à Paris. Charles reprend l'offensive et se rapproche du duc de Bourgogne, Philippe le Bon. Il signe avec lui le traité d'Arras en septembre 1435, par lequel le roi le dispense de l'hommage qu'il lui doit en tant que vassal. Charles renie le meurtre du précédent duc de Bourgogne, Jean sans Peur, à Montereau en 1419.
En 1436, Richemont prend Paris aux Anglais et Charles y fait une entrée triomphale en novembre 1437. Par la Pragmatique Sanction de Bourges (juillet 1438), Charles affirme la reprise en main du clergé français sans heurter le pape. Le roi nomme désormais les évêques.

La Praguerie de 1440

Charles VII a réussi à rétablir l'autorité royale grâce aux victoires militaires sur les Anglais. L'épisode de la Praguerie démontre que son pouvoir reste encore fragile.
En 1439, à l'occasion de la réunion des états généraux à Orléans, se forme

Philippe VI de Valois	Jean II le Bon	Charles V le Sage	Charles VI le Fou	Charles VII le Victorieux	Louis XI	Charles VIII
▶ 1337 Début de la guerre de Cent Ans ▶ 1346 Siège de Calais ▶ 1348 La grande peste	▶ 1356-1358 Étienne Marcel dirige le soulèvement du peuple de Paris ▶ 1358 Grande Jacquerie	▶ 1373 Première œuvre du gothique flamboyant (cathédrale d'Amiens) ▶ 1374 Dernières persécutions contre les cathares	▶ 1396 Début du conflit entre « Armagnacs » et « Bourguignons » ▶ 1415 Bataille d'Azincourt	▶ 1431 Jeanne d'Arc brûlée à Rouen ▶ 1453 Fin de la guerre de Cent Ans	▶ 1470 Une imprimerie à la Sorbonne ▶ 1477 Mort de Charles le Téméraire à Nancy	▶ 1495 Les Français entrent à Naples ▶ 1494 Naissance de François Rabelais

une opposition au pouvoir. Elle est le fait de quelques princes, de Dunois et de La Trémoille, auxquels se joint le dauphin Louis. Cette résistance se regroupe à Niort. On a appelé cet épisode la « Praguerie » en référence à la révolte religieuse de Jan Hus contre le pape au début du XVe siècle, à Prague (aujourd'hui en République tchèque). Charles réagit rapidement avec son armée et les révoltés se soumettent en juillet 1440. Jusqu'à sa mort, Charles sera menacé par les complots des ducs d'Orléans et d'Armagnac. Le premier est condamné à mort pour crime de lèse-majesté, c'est-à-dire pour haute trahison contre le roi. Charles lui accorde cependant sa grâce en 1458. Le second se soumet en 1445, mais son fils reprendra la lutte avant de s'enfuir en Espagne, en 1460.

La fin de la guerre de Cent Ans

Après la prise de Paris, Charles fait une pause et réorganise son armée. Il crée en 1445 et 1448 les « compagnies d'ordonnance », qui forment la première armée permanente française. La guerre reprend en 1449. La conquête de la Normandie est réalisée après la victoire de Formigny en avril 1450, tandis que l'armée anglaise du Sud est enfin écrasée à Castillon, le 17 juillet 1453. On considère que cette bataille met fin à la guerre de Cent Ans. Elle permet la conquête de l'Aquitaine, la dernière province anglaise. En avril 1454, Charles promulgue l'ordonnance de Montils-lès-Tours. Elle réorganise le Parlement, qui est la plus haute cour de justice du royaume. La fin du règne correspond à une période d'expansion économique, comme en témoignent les activités de son grand argentier, le marchand Jacques Cœur. Avec l'aide de celui-ci, il instaure l'habitude de lever l'impôt de manière permanente, sans convoquer les états généraux pour en recevoir l'autorisation.

Un mauvais fils

La fin du règne de Charles VII est marquée par les menées de son fils, le dauphin Louis. Charles, vieillissant, voit en son fils quelqu'un qui prendra bientôt sa place. De plus, Louis est d'un caractère insaisissable. Les relations entre les deux hommes se détériorent dès 1440. Charles envoie Louis s'occuper du Dauphiné en 1447. Il s'agit ni plus ni moins d'un exil. En 1455, Charles apprend les nouvelles intrigues de Louis. Il intervient avec son armée et oblige Louis à s'enfuir chez son oncle, le puissant duc de Bourgogne Philippe le Bon, à l'été 1456. Charles vit les cinq dernières années de sa vie dans la crainte d'être assassiné. Au début de 1461, il tombe malade mais refuse parfois de s'alimenter par peur d'être empoisonné. Il meurt le 22 juillet 1461.

Jacques Cœur

Jacques Cœur a fait fortune grâce au commerce entre la France et l'Orient. Un magnifique hôtel construit à Bourges, encore visible aujourd'hui, est le symbole de sa réussite. Il constitue un réseau d'informateurs et de marchands travaillant dans toute la France. Comme argentier du roi, à partir de 1440, il organise les finances royales. Son immense richesse attire la jalousie de la cour et éveille la méfiance de Charles VII. Jacques Cœur finit par être condamné à mort pour détournement de fonds en 1453, mais il réussit cependant à s'enfuir à l'étranger.

Jacques Cœur fut le plus grand financier de son temps. Il subventionna la reconquête de la Normandie.

Louis XII	François Ier	Henri II	François II	Catherine de Médicis	Charles IX	Henri III
▶ 1504 *Les Français perdent Naples puis l'Italie (1512)* ▶ 1515 *Création d'un parlement en Normandie*	▶ 1515 *Bataille de Marignan* ▶ 1520 *Entrevue du Camp du Drap d'Or*	▶ 1550-1552 *Pierre de Ronsard écrit Odes et Amours* ▶ 1559 *Traités du Cateau-Cambrésis*	▶ 1560 *Conjuration d'Amboise*	▶ 1562 *Après le massacre de Vassy, les protestants se révoltent : début des guerres de Religion*	▶ 1572 *La Saint-Barthélemy*	▶ 1585 *Fin des guerres de Religion* ▶ 1589 *Fin de la dynastie des Valois*

Louis XI

© Gérard Blot/Photo RMN

Louis XI (1423-1483). Le roi est représenté portant le collier de l'ordre de Saint-Michel.

La grande œuvre du règne de Louis XI est sa victoire sur la Bourgogne, qui semblait bien plus riche et plus puissante que la France d'alors. L'originalité de Louis XI est d'avoir été un grand diplomate plutôt qu'un guerrier. Sa personnalité si complexe est restée une énigme pour ses contemporains et le demeure pour nous.

L'« Universelle Araigne »

Louis est né le 3 juillet 1423, alors que son père Charles VII n'est plus que le roi d'un petit domaine circonscrit à Bourges et en lutte contre les Anglais et les Bourguignons. Sa mère est Marie d'Anjou. Louis est mis à l'abri dans le sinistre château de Loches, près de Tours. Il y passe sept années, voyant peu ses parents et grandissant sans affection parentale, au milieu de gens simples. Cet environnement a une grande influence sur son caractère. Toute sa vie, il s'habillera sobrement, se protégeant la tête avec un chapeau noir orné de médailles pieuses. Familier et aimant plaisanter, il choquera ambassadeurs étrangers et princes par cette attitude si peu royale. Lorsqu'il sera roi, il recevra des ambassadeurs dans sa chambre, ou en tenue de chasse. Laid, mince avec un grand nez, le roi aime cependant charmer. Il sait tirer parti de ses échecs pour réagir, travaillant sans relâche. Il entretient toute sa vie une dévotion particulière pour la Sainte Vierge, et la chasse est pour lui une véritable passion.

Philippe VI de Valois	Jean II le Bon	Charles V le Sage	Charles VI le Fou	Charles VII le Victorieux	**Louis XI**	Charles VIII
▶ **1337** *Début de la guerre de Cent Ans* ▶ **1346** *Siège de Calais* ▶ **1348** *La grande peste*	▶ **1356-1358** *Étienne Marcel dirige le soulèvement du peuple de Paris* ▶ **1358** *Grande Jacquerie*	▶ **1373** *Première œuvre du gothique flamboyant (cathédrale d'Amiens)* ▶ **1374** *Dernières persécutions contre les cathares*	▶ **1396** *Début du conflit entre « Armagnacs » et « Bourguignons »* ▶ **1415** *Bataille d'Azincourt*	▶ **1431** *Jeanne d'Arc brûlée à Rouen* ▶ **1453** *Fin de la guerre de Cent Ans*	▶ **1470** *Une imprimerie à la Sorbonne* ▶ **1477** *Mort de Charles le Téméraire à Nancy*	▶ **1495** *Les Français entrent à Naples* ▶ **1494** *Naissance de François Rabelais*

En juin 1436, alors qu'il est âgé de treize ans, on le marie à Marguerite d'Écosse, âgée elle-même de onze ans.

Le fils indigne

Louis rejoint son père en 1437.
En 1439, Charles VII lui confie la mission de rétablir l'ordre dans le Languedoc, dans le sud de la France, parcouru par des soldats pillards appelés les écorcheurs. Louis, sans armée, obtient des villes de l'argent pour acheter le départ des pillards. C'est la première fois que Louis montre ces talents de diplomate qui feront l'admiration de tous.
Jaloux, Charles lui ordonne de rentrer. Lorsque Louis demande la province du Dauphiné, comme le veut la tradition royale qui accorde à l'héritier du trône cette province, Charles refuse, comme il refuse de lui donner de l'argent pour qu'il puisse s'installer dans une demeure. Mécontent, Louis se tourne vers le prince Charles de Bourbon. Ensemble, ils décident, en février 1440, de prendre les armes contre le roi, mais Charles VII réagit vite, et les comploteurs doivent se soumettre.

Au service de son père

Louis se résigne et se réfugie dans l'action. Il oblige d'abord l'armée anglaise à lever le siège d'Harfleur, en Normandie.
Puis, il est envoyé dans le Midi contre le comte d'Armagnac. Revenu en avril 1444, il est cette fois envoyé porter secours au duc d'Autriche, empereur des États germaniques, qui combattait contre les Suisses.
Louis se trouve à la tête d'une armée d'écorcheurs que l'on veut éloigner de France. Il prend difficilement Bâle après une bataille extrêmement sanglante en août 1444. Les Autrichiens sont effrayés par cette armée féroce qui risque de se retourner contre eux et demandent à Louis de se retirer.
Louis négocie alors avec les deux camps. Des Autrichiens, il reçoit des villes d'Alsace, et il noue des contacts solides avec les Suisses, considérés comme les meilleurs combattants d'Europe.
Ils infligent régulièrement de sanglantes défaites aux armées de l'empereur.
Revenu à la cour, Louis se sent seul dans un monde de convenances.
Même sa très mondaine femme lui est indifférente. Il reste attaché à sa mère, solitaire elle aussi, et qui doit supporter Agnès Sorel, la maîtresse officielle du roi.

Encore exilé

Cependant, Louis est endetté.
Charles ne lui donne rien. En août 1445, Marguerite, sa femme, meurt.
Louis, très affecté, se met une nouvelle fois à comploter. À la cour, il s'en prend à Agnès Sorel. On raconte qu'il l'aurait soit giflée, soit poursuivie avec son épée.
Choqué, Charles VII envoie Louis dans le Dauphiné pour l'éloigner, en janvier 1447.
Louis réorganise activement la province.
Il se remarie sans le consentement de son père avec Charlotte de Savoie, âgée de douze ans. Charles VII n'aime pas cette façon qu'a Louis de se comporter comme un roi : il fait pression sur son fils en envoyant une armée en octobre 1452 aux frontières du Dauphiné.
Louis résiste à la menace.
En août 1456, Charles décide d'en finir et attaque son fils. Louis se réfugie chez son oncle, le puissant duc de Bourgogne, Philippe le Bon. Il se rend à la cour de Bruxelles et il fait la connaissance de son futur adversaire bourguignon, Charles, surnommé plus tard le Téméraire. Il apprend à connaître ce jeune homme impatient et coléreux. Louis s'installe au château de Genappe.

Charles le Téméraire (1433-1477), duc de Bourgogne. Portrait anonyme du XVIe siècle.

Louis XI, un roi moderne ?

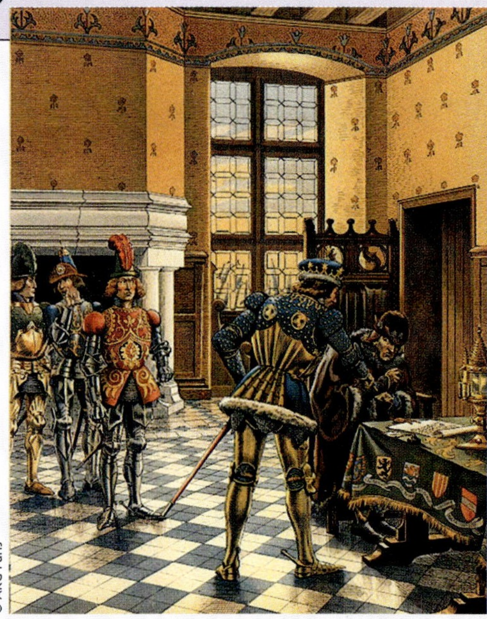

Le personnage de Louis XI reste très controversé. Certains lui prêtent toutes les qualités d'un rusé renard ou d'une araignée tissant patiemment sa toile. Ses ennemis le surnommaient l'« Universelle Araigne ». L'entrevue de Péronne est vue tantôt comme un grand succès de Louis, qui a abusé Charles le Téméraire, tantôt comme un échec patent ! Son attitude dure envers les princes l'a souvent fait considérer comme un tyran. Pourtant, il privilégia la diplomatie face aux armes après qu'il eut vu les ravages de la guerre contre les Suisses en 1444, et utilisa souvent l'argument financier.

L'entrevue de Péronne. Louis XI, prisonnier du colérique Charles le Téméraire, dut céder la Champagne avant de pouvoir repartir. Gravure du début du XXe siècle.

Louis XII	François Ier	Henri II	François II	Catherine de Médicis	Charles IX	Henri III
▶ **1504** *Les Français perdent Naples puis l'Italie (1512)* ▶ **1515** *Création d'un parlement en Normandie*	▶ **1515** *Bataille de Marignan* ▶ **1520** *Entrevue du Camp du Drap d'Or*	▶ **1550-1552** *Pierre de Ronsard écrit Odes et Amours* ▶ **1559** *Traités du Cateau-Cambrésis*	▶ **1560** *Conjuration d'Amboise*	▶ **1562** *Après le massacre de Vassy, les protestants se révoltent : début des guerres de Religion*	▶ **1572** *La Saint-Barthélemy*	▶ **1585** *Fin des guerres de Religion* ▶ **1589** *Fin de la dynastie des Valois*

Il reste en Bourgogne pendant cinq ans, s'inscrit à l'université de Louvain et travaille son italien.
Cependant, Louis n'a toujours pas de moyens financiers. Comme il ne dépense rien, une réputation d'avarice se construit autour de lui et ne le quittera plus.
À partir de 1458, il reçoit sans émotion des nouvelles alarmantes sur la santé de son père. Environ trois jours après la mort du roi, survenue le 22 juillet 1461, Louis fait célébrer une messe, puis s'en va chasser en habit coloré...

Premiers pas d'un roi

Louis XI est sacré à Reims le 15 août 1461, puis il s'installe à Paris dans le modeste hôtel des Tournelles. Il doit d'abord lutter contre les princes. Autour du duc de Bourgogne et du frère de Louis XI, Charles, ils forment la ligue du Bien public, en mars 1465. Les deux armées se retrouvent à Montlhéry le 16 juillet. La bataille est indécise mais Louis reste maître du terrain. Il achète chèrement l'alliance du duc de Bretagne et fait éclater la coalition des princes en négociant séparément des concessions territoriales. En 1467, Louis XI apprend la mort de Philippe le Bon. Le fils de celui-ci, Charles le Téméraire, devient duc de Bourgogne.
Louis tisse sa toile autour de Charles le Téméraire. En octobre 1468, il le rencontre à Péronne — sur les terres du duc. Alors qu'il négocie avec Charles pour revenir sur les avantages qu'il a dû concéder aux princes de la ligue du Bien public, Louis incite en même temps la ville de Liège à se révolter. Charles apprend ces intrigues et entre dans une rage folle : il force Louis à signer un traité dans lequel celui-ci reconnaît l'abandon de nombreuses villes, puis l'oblige à participer à la prise de Liège. C'est seulement ensuite que Louis peut rentrer chez lui et échapper à la colère de Charles. Dès 1470, le roi dénonce le traité de Péronne et le fait annuler par une assemblée.
Louis consolide son pouvoir en multipliant les procès. Certains accusés sont torturés. Le souvenir du règne de Louis XI est fortement lié à cette période de répression. Les historiens et auteurs du XIXe siècle ont répandu l'image d'un Louis XI cruel emprisonnant ses opposants dans des cages de fer.

Louis XI condamne Charles de Melun à mort.
Le règne de Louis XI fut marqué par une centralisation de la justice, qu'il exerça durement contre ceux qui s'opposèrent au pouvoir royal.

La ligue du Bien public fut une coalition des grands princes, dont les frères du roi, contre Louis XI. Sur cette enluminure, le serment des ducs de Berry, de Bretagne, de Bourbon et de Nemours. Jean de Roze, Chronique du roi Louis XI.

Philippe VI de Valois	Jean II le Bon	Charles V le Sage	Charles VI le Fou	Charles VII le Victorieux	**Louis XI**	Charles VIII
▶ 1337 *Début de la guerre de Cent Ans* ▶ 1346 *Siège de Calais* ▶ 1348 *La grande peste*	▶ 1356-1358 *Étienne Marcel dirige le soulèvement du peuple de Paris* ▶ 1358 *Grande Jacquerie*	▶ 1373 *Première œuvre du gothique flamboyant (cathédrale d'Amiens)* ▶ 1374 *Dernières persécutions contre les cathares*	▶ 1396 *Début du conflit entre « Armagnacs » et « Bourguignons »* ▶ 1415 *Bataille d'Azincourt*	▶ 1431 *Jeanne d'Arc brûlée à Rouen* ▶ 1453 *Fin de la guerre de Cent Ans*	▶ 1470 *Une imprimerie à la Sorbonne* ▶ 1477 *Mort de Charles le Téméraire à Nancy*	▶ 1495 *Les Français entrent à Naples* ▶ 1494 *Naissance de François Rabelais*

La fin de Charles le Téméraire

En 1472, Charles, le frère de Louis XI, meurt. Cette mort prive Charles le Téméraire d'un allié dans le royaume de France. La brutalité du Téméraire va faire le reste. Désirant réunir ses terres bourguignonnes à celles qu'il avait en Flandre, il prend possession de l'Alsace et y impose fortement son autorité. L'Alsace se révolte, et les Suisses, se sentant menacés, interviennent. Louis XI les aide en sous-main à financer la guerre. Les Suisses battent l'armée bourguignonne à Héricourt en novembre 1474, tandis que Charles mate la révolte de l'Alsace. Il prononce un discours en novembre 1475 dans lequel il annonce son intention d'unifier ses possessions et de placer sa capitale à Nancy. Charles le Téméraire décide d'en finir avec les Suisses, mais il subit une très lourde défaite à Grandson en mars 1476. Charles contre-attaque, mais il est surpris à Morat par l'infanterie suisse qui anéantit presque l'armée ducale. Louis se contente de faire avancer son armée près de la frontière bourguignonne, mais sans l'engager. Il laisse faire les Suisses et les Alsaciens. René II, duc de Lorraine, aidé par les Suisses, écrase définitivement les Bourguignons à Nancy le 5 janvier 1477. Deux jours après la bataille, on retrouve dans la neige le corps sans vie à moitié dévoré par les loups de Charles le Téméraire.

La succession de Bourgogne

En fait, en dehors de la Picardie, Louis n'a pas de droit sur les terres de Bourgogne, qui dépendent pour la plupart de l'Empire germanique. Mais le roi pense maintenant qu'il peut tout obtenir par la force. La guerre s'engage entre lui et l'empereur Frédéric III. Maximilien, le fils de Frédéric, se marie avec Marie de Bourgogne, l'héritière de Charles le Téméraire. L'armée française est battue à Guinegatte en août 1479, mais Maximilien doit engager des négociations par manque d'argent. Le traité d'Arras, en décembre 1482, donne la Picardie et le duché de Bourgogne à la France. Marguerite d'Autriche, la fille de Maximilien et de Marie, âgée de deux ans, devra épouser le dauphin Charles, fils de Louis XI. Comme dot, elle apporte l'Artois et la Franche-Comté. Si le mariage n'a pas lieu, les territoires doivent être vendus. Le dauphin Charles, devenu Charles VIII, renoncera à ce mariage.

La mort solitaire de Louis XI

En septembre 1482, Louis, vieillissant, s'installe au château de Plessis-lès-Tours. Il s'y isole et s'y enferme. Il vit désormais dans la peur de mourir. Très superstitieux, il a recours à de nombreux objets sacrés pour recouvrer la santé. Le 25 août 1483, il est frappé d'une hémorragie cérébrale et meurt cinq jours plus tard.

Lui et Nous

L'introduction de l'imprimerie en France

La France de Louis XI vit résolument dans le Moyen Âge, mais on y perçoit des signes des Temps modernes. Parmi eux se distingue l'introduction de l'imprimerie, en 1470. L'imprimerie avait été inventée par Gutenberg à Mayence, en Allemagne, vers 1455. La première presse de France est installée à l'université de la Sorbonne par Guillaume Fichet pour reproduire des classiques de l'Antiquité.

Louis XI relança l'économie en introduisant de nombreuses innovations : il développa les foires en exemptant d'impôt les marchands étrangers, implanta les premières manufactures de soieries et la première imprimerie. Louis XI visite l'imprimerie de Jean de la Farre à la Sorbonne. Gravure du XXe siècle.

Louis XII	François Ier	Henri II	François II	Catherine de Médicis	Charles IX	Henri III
► **1504** *Les Français perdent Naples puis l'Italie (1512)* ► **1515** *Création d'un parlement en Normandie*	► **1515** *Bataille de Marignan* ► **1520** *Entrevue du Camp du Drap d'Or*	► **1550-1552** *Pierre de Ronsard écrit Odes et Amours* ► **1559** *Traités du Cateau-Cambrésis*	► **1560** *Conjuration d'Amboise*	► **1562** *Après le massacre de Vassy, les protestants se révoltent : début des guerres de Religion*	► **1572** *La Saint-Barthélemy*	► **1585** *Fin des guerres de Religion* ► **1589** *Fin de la dynastie des Valois*

Louis XII

Louis XII, le « Père de son peuple », est un roi très populaire pour avoir décidé d'améliorer le sort des plus pauvres. Mais en politique extérieure il ne parviendra jamais à soumettre vraiment les États qu'il convoite !

Un mariage machiavélique

À sa mort, Charles VIII n'a pas d'héritier. Son plus proche parent est son cousin, Louis d'Orléans. Né à Blois en 1462, il est le fils du poète Charles d'Orléans et de Marie de Clèves. En 1476, il a été contraint par son parrain, le roi Louis XI, à épouser la fille de celui-ci. Mais on sait que Jeanne de France est stérile : Louis XI espère ainsi voir s'éteindre la lignée des Valois-Orléans !

Mariage et remariage…

À trente-six ans, Louis d'Orléans est sacré à Reims, le 27 mai 1498. Devenu Louis XII, il demande aussitôt et obtient du pape l'annulation de son mariage avec Jeanne, en décembre 1499. En dédommagement, cette reine, si populaire qu'elle fut même béatifiée, reçoit le duché de Berry. Puis, comme le précisait le contrat de mariage d'Anne de Bretagne avec Charles VIII, il épouse cette dernière afin que le duché de Bretagne reste dans le royaume. Lorsque la cérémonie a lieu, en janvier 1499, Anne n'a que vingt-trois ans. Abandonnant le château d'Amboise, demeure de Charles VIII, le couple s'installe dans le château voisin de Blois. Neuf mois après le mariage naît leur fille aînée, Claude de France.

Le sacre de Louis XII (1462-1515). Art médiéval gothique, milieu du XVe siècle. Musée national du Moyen Âge, Thermes de Cluny, Paris.

Le « Père de son peuple »

La première mesure que prend Louis XII après son accession au trône est particulièrement populaire, puisqu'elle consiste à réduire les impôts ! Il est aidé dans cette tâche par son Premier ministre, le cardinal Georges d'Amboise. Puis, Louis XII améliore le fonctionnement de la justice par la grande ordonnance

Le Chevalier sans peur et sans reproche

Pierre Terrail, seigneur de Bayard (1476-1524), est surnommé le « Chevalier sans peur et sans reproche », car il incarne le courage mais aussi la clémence face à l'adversaire vaincu. Participant sous Louis XII à la conquête du Milanais, il fait en effet preuve d'une grande vaillance, défendant, selon la légende, le pont du Garigliano seul contre 200 soldats espagnols !
Il suivit ensuite François Ier en Italie et prit une part importante à la victoire de Marignan. Après les défaites françaises dans le Milanais, il fut mortellement blessé en couvrant la retraite de ses compatriotes, au bord de la rivière Sesia.

Philippe VI de Valois	Jean II le Bon	Charles V le Sage	Charles VI le Fou	Charles VII le Victorieux	Louis XI	Charles VIII
▶ **1337** *Début de la guerre de Cent Ans* ▶ **1346** *Siège de Calais* ▶ **1348** *La grande peste*	▶ **1356-1358** *Étienne Marcel dirige le soulèvement du peuple de Paris* ▶ **1358** *Grande Jacquerie*	▶ **1373** *Première œuvre du gothique flamboyant (cathédrale d'Amiens)* ▶ **1374** *Dernières persécutions contre les cathares*	▶ **1396** *Début du conflit entre « Armagnacs » et « Bourguignons »* ▶ **1415** *Bataille d'Azincourt*	▶ **1431** *Jeanne d'Arc brûlée à Rouen* ▶ **1453** *Fin de la guerre de Cent Ans*	▶ **1470** *Une imprimerie à la Sorbonne* ▶ **1477** *Mort de Charles le Téméraire à Nancy*	▶ **1495** *Les Français entrent à Naples* ▶ **1494** *Naissance de François Rabelais*

Louis XII et son épouse Anne de Bretagne. Lithographie de Philéad Salvator Lévilly (né en 1803) d'après le portrait d'une médaille, 1499, frappée par la ville de Lyon à l'occasion des noces de Louis XII et d'Anne de Bretagne.

Louis XII reçoit six Génois qui demandent sa clémence et lui font soumission. Illustration du *Voyage de Gênes* de Jean Marot. Bibliothèque nationale, Paris.

de Blois de mars 1499. Les juges doivent désormais se soumettre à une sorte d'examen, des parlements sont créés… Il codifie également les coutumes, ces droits nés de l'usage.
Mais ce sont les états généraux de 1505 qui vont surnommer « Père de son peuple » ce roi aimé des plus défavorisés.

Les guerres d'Italie

En matière de politique extérieure, Louis XII poursuit les expéditions contre l'Italie, commencées par Charles VIII. Tout comme ce dernier, il espère reprendre Naples. Et comme il descend par sa mère d'une famille italienne (sa grand-mère étant Valentine Visconti), il revendique le titre de duc de Milan.
En 1499, le courageux chevalier Bayard à la tête de ses troupes envahit donc le Milanais avec l'aide de Ferdinand d'Aragon, dont le royaume est situé dans le nord-est de l'Espagne. Mais il est trahi par son allié espagnol et les Français sont repoussés.
À son retour d'Italie en 1504, Louis XII tombe gravement malade.

Lui et Nous

Jean Calvin et le calvinisme

Né sous le règne de Louis XII, à Noyon, en Picardie, Jean Calvin (1509-1564) est souvent associé à Luther en tant que fondateur du protestantisme, qu'il introduit en France. Sa doctrine religieuse, le calvinisme, exercera en effet une grande influence sur les protestants français et hollandais, ainsi que sur l'évolution de l'Église anglicane.

Sa femme, Anne de Bretagne, en profite pour organiser les fiançailles de leur fille Claude avec Charles de Habsbourg, futur Charles Quint, la dot de la future mariée étant la Bretagne. Mais Louis XII, une fois guéri, ne l'entend pas ainsi, car la France se retrouverait alors complètement encerclée. Pour rompre les fiançailles, en 1505, le roi doit convoquer les états généraux. Finalement, Claude sera promise à un lointain cousin, François d'Angoulême (le futur François Ier).

Trop tard !

La fin du règne de Louis XII est marquée par une nouvelle guerre d'Italie.
Toujours dans l'espoir de reprendre Naples, le roi de France adhère en 1508 à la ligue de Cambrai, qui réunit, contre les Vénitiens, Ferdinand d'Aragon, le pape Jules II, l'empereur Maximilien et les ducs de Ferrare et de Savoie.
C'est alors que Louis XII se brouille avec le pape. L'alliance ne tient plus et le conflit entre les ex-coalisés tourne à l'avantage de l'Espagne. Mais Jules II meurt, et son successeur, Léon X, est favorable à la paix. Celle-ci est conclue en 1514.
En janvier de cette même année, Louis XII est devenu veuf… et les trois fils nés de son mariage avec Anne de Bretagne sont tous morts en bas âge.
Louis XII épouse donc en octobre la jeune Marie Tudor, sœur du roi Henri VIII d'Angleterre. Mais il est trop tard : Louis XII meurt trois mois plus tard, le 1er janvier 1515, sans fils pour lui succéder.

Louis XII	François Ier	Henri II	François II	Catherine de Médicis	Charles IX	Henri III
▶ **1504** *Les Français perdent Naples puis l'Italie (1512)* ▶ **1515** *Création d'un parlement en Normandie*	▶ **1515** *Bataille de Marignan* ▶ **1520** *Entrevue du Camp du Drap d'Or*	▶ **1550-1552** *Pierre de Ronsard écrit Odes et Amours* ▶ **1559** *Traités du Cateau-Cambrésis*	▶ **1560** *Conjuration d'Amboise*	▶ **1562** *Après le massacre de Vassy, les protestants se révoltent : début des guerres de Religion*	▶ **1572** *La Saint-Barthélemy*	▶ **1585** *Fin des guerres de Religion* ▶ **1589** *Fin de la dynastie des Valois*

François Ier

Séduisant bien que sans beauté, fougueux et conquérant, François Ier est le souverain emblématique de la Renaissance. De ses guerres aventureuses en Italie, il rapporta les goûts et les artistes qui introduisirent l'humanisme en France.

Jean Clouet a réalisé ce célèbre portrait de François Ier (1494-1547) vers 1535. Musée du Louvre, Paris.

Une jeunesse choyée et studieuse

Lorsque Louise de Savoie, duchesse d'Angoulême, met au monde François, le 12 septembre 1494, elle ne peut raisonnablement penser qu'elle sera un jour mère de roi. Deux ans plus tard, elle est veuve, et se retire sur ses terres avec Marguerite, sa fille aînée, et son fils, auxquels elle fait donner une excellente éducation. C'est que peu à peu grandit en elle l'espoir que le roi Louis XII, cousin de son défunt mari, n'aura jamais de fils : François pourrait alors devenir le Dauphin.
Pour l'instant, Louis XII n'a qu'une fille, Claude. La reine Anne de Bretagne ne parvient pas à donner un héritier à la Couronne et la santé du roi est précaire. En 1505, Louis XII est si malade qu'il fait son testament en exprimant sa volonté de marier Claude à son « très cher cousin », François. Il se rétablit tant bien que mal, et, dès l'année suivante, les enfants sont fiancés. Quand a lieu le mariage, en 1514, Louise voit son fils tout près du trône. Mais voilà Louis XII, devenu veuf, qui se remarie aussitôt avec une jeune princesse anglaise... Les espoirs de l'ambitieuse duchesse s'envolent !

Une chance inespérée

Les noces donnent lieu à des fêtes interminables qui achèvent d'épuiser le souverain. Il meurt le 1er janvier 1515, et François, premier du nom, devient enfin roi de France. C'est un beau jeune homme (malgré son grand nez !), athlétique, entraîné à l'équitation et au métier des armes, qui allie le charme

Philippe VI de Valois	Jean II le Bon	Charles V le Sage	Charles VI le Fou	Charles VII le Victorieux	Louis XI	Charles VIII
▶ 1337 *Début de la guerre de Cent Ans* ▶ 1346 *Siège de Calais* ▶ 1348 *La grande peste*	▶ 1356-1358 *Étienne Marcel dirige le soulèvement du peuple de Paris* ▶ 1358 *Grande Jacquerie*	▶ 1373 *Première œuvre du gothique flamboyant (cathédrale d'Amiens)* ▶ 1374 *Dernières persécutions contre les cathares*	▶ 1396 *Début du conflit entre « Armagnacs » et « Bourguignons »* ▶ 1415 *Bataille d'Azincourt*	▶ 1431 *Jeanne d'Arc brûlée à Rouen* ▶ 1453 *Fin de la guerre de Cent Ans*	▶ 1470 *Une imprimerie à la Sorbonne* ▶ 1477 *Mort de Charles le Téméraire à Nancy*	▶ 1495 *Les Français entrent à Naples* ▶ 1494 *Naissance de François Rabelais*

La bataille de Marignan. François Ier sur son cheval blanc ordonne à ses troupes de cesser de poursuivre les Suisses vaincus. A. E. Fragonard (1836), galerie des Batailles, Versailles.

© Galerie des Batailles, Versailles/AKG Paris

et l'élégance de l'homme de cour à la bravoure du soldat. Son sacre à Reims donne lieu à des fêtes fastueuses, puis il est accueilli triomphalement à Paris.

Une victoire héroïque

Maintenant qu'il est consacré souverain de son royaume, François se hâte de réaliser son rêve de jeunesse : reconquérir le royaume de Naples et le duché de Milan que ses prédécesseurs Charles VIII et Louis XII ont tour à tour gagnés et perdus. L'Italie représente à ses yeux le pays de la beauté, celle des idéaux de la Renaissance, qui n'a pas encore pénétré en France. Il n'y est jamais allé, mais il a vu des artisans italiens embellir le château d'Amboise. Il lève des impôts supplémentaires pour acheter des armes, des canons et surtout des mercenaires, car l'armée française ne comporte que des cavaliers en cuirasse, et il va devoir affronter les troupes mercenaires suisses engagées par le pape, les rois de Naples et d'Aragon. Avec 10 000 lansquenets (mercenaires allemands armés d'épées, de dagues et d'arquebuses), auxquels il adjoint quelques milliers de Gascons, il passe les Alpes en tête de sa cavalerie. La bataille de Marignan reste dans les mémoires comme l'exploit fameux du jeune roi. Elle a duré deux jours : le 13 septembre 1515, le combat fait rage sans qu'aucun des camps n'ait le dessus. La nuit l'interrompt, mais François et ses troupes restent aux aguets jusqu'au petit jour, où les Suisses reprennent l'attaque. François galope d'un groupe à l'autre, se bat comme un lion et, grâce à l'arrivée des alliés vénitiens appelés à la rescousse, il met les Suisses en déroute. Cette victoire a été immortalisée par la chanson de Jannequin : « Victoire, victoire au noble roi François ! ». Sur sa lancée, François Ier obtient deux avantages : d'une part, il signe en 1516 le concordat de Bologne avec le pape Léon X, qui lui donne un plus grand contrôle sur l'Église de France et qui restera valable jusqu'à la Révolution. D'autre part, les Suisses, par la « paix perpétuelle de Fribourg », s'engagent à ne plus jamais combattre contre la France, mais à s'enrôler uniquement sous la bannière du roi français. C'est pourquoi, jusqu'à la Révolution, notre armée a comporté des troupes suisses dans ses rangs.

La salamandre

Sur le blason de Jean d'Angoulême, grand-père de François, figure une salamandre. On croyait autrefois que ce petit batracien pouvait à la fois résister au feu, l'éteindre ou l'entretenir.
Devenu roi, François Ier le prendra pour emblème, avec la devise latine : *Nutrisco et extinguo*, c'est-à-dire « J'entretiens [la flamme de la foi] et je détruis [les mauvais instincts]. » La salamandre apparaît sur tous les châteaux construits ou agrandis par ce roi.

© Gérard Blot/Photo RMN

Louis XII	**François Ier**	Henri II	François II	Catherine de Médicis	Charles IX	Henri III
▶ 1504 *Les Français perdent Naples puis l'Italie (1512)* ▶ 1515 *Création d'un parlement en Normandie*	▶ 1515 *Bataille de Marignan* ▶ 1520 *Entrevue du Camp du Drap d'or*	▶ 1550-1552 *Pierre de Ronsard écrit Odes et Amours* ▶ 1559 *Traités du Cateau-Cambrésis*	▶ 1560 *Conjuration d'Amboise*	▶ 1562 *Après le massacre de Vassy, les protestants se révoltent : début des guerres de Religion*	▶ 1572 *La Saint-Barthélemy*	▶ 1585 *Fin des guerres de Religion* ▶ 1589 *Fin de la dynastie des Valois*

Le Camp du Drap d'or. Le somptueux camp fut dressé à Guines, près de Calais. Dans la tente dorée au fond de l'image, François Ier accueille Henri VIII.

La chance tourne

En Allemagne, Charles de Habsbourg hérite en 1519 à la fois de l'Autriche, de la Bourgogne et de l'Espagne. Il se fait alors élire empereur sous le nom de Charles Quint (« le cinquième »). Il évince ainsi François, également candidat au titre, qui voit par conséquent la France encerclée par un rival ambitieux. Désormais, ce sera entre les deux souverains une lutte interminable et sans merci.
François cherche l'alliance du roi d'Angleterre, Henri VIII, et l'invite près de Calais, où il fait dresser le fameux Camp du Drap d'or.
Hélas, ni la somptuosité de tentes brillant de mille feux, ni l'excellence des banquets ne séduisent l'hôte royal, qui préfère signer, juste après, un traité secret avec Charles Quint, venu le voir en modeste équipage. Henri VIII a été plus inquiété et humilié qu'ébloui par la richesse du roi de France ! François en est pour ses frais... exorbitants, car il a emprunté des sommes considérables pour cette mise en scène qui n'empêchera pas la guerre de se déclarer l'année suivante.

Des heures noires

Par ailleurs, le connétable (commandant suprême de l'armée royale) Charles de Bourbon, cousin du roi, perd sa femme. Aussitôt, Louise de Savoie lui réclame indûment une partie de son héritage, et François a la maladresse de soutenir sa mère et de faire un procès à Charles. Celui-ci n'estime plus devoir fidélité à son roi et s'allie en 1523 à Charles Quint. Cette trahison porte un coup terrible à l'image de François Ier, et la France se fait attaquer de tous côtés. Le roi repart pour l'Italie, où les Espagnols envahissent le Milanais.
Au siège de Pavie, en 1525, à cause d'une grave erreur tactique, il se fait cerner par l'ennemi. Blessé, il est fait prisonnier et emmené en Espagne, où il est obligé de signer le traité de Madrid (1526).
Il perd trois provinces, dont la Bourgogne, qu'exige Charles Quint, car il n'avait jamais

Scandale à la cour : l'affaire des Placards

Blois, 18 octobre 1534. Ce matin, à son réveil, le roi a vu une affiche placardée (ou placard) sur la porte de sa chambre : un texte imprimé intitulé « Articles véritables sur les horribles, grands et importables abus de la messe papale inventée directement contre la Sainte Cène de Notre Seigneur seul Médiateur et Sauveur Jésus-Christ ». Ce pamphlet est inspiré par le courant de la Réforme qui s'est répandu en Europe depuis la rupture de Luther d'avec Rome. Cette même nuit, des affiches semblables ont été placardées en plusieurs points de Paris, d'Orléans et d'Amboise où réside actuellement la cour. Il s'agit donc d'un véritable complot. Sa Majesté s'est jusqu'alors montrée tolérante pour les idées diffusées en France par les Réformés, mais elle ne peut pardonner ce crime de lèse-majesté. Depuis la signature du Concordat avec le pape, François Ier est chef de l'Église de France et il se doit de pourchasser les hérétiques. Il annoncera donc son intention de brûler sur le bûcher les fauteurs de troubles.

Philippe VI de Valois	Jean II le Bon	Charles V le Sage	Charles VI le Fou	Charles VII le Victorieux	Louis XI	Charles VIII
▶ 1337 *Début de la guerre de Cent Ans* ▶ 1346 *Siège de Calais* ▶ 1348 *La grande peste*	▶ 1356-1358 *Étienne Marcel dirige le soulèvement du peuple de Paris* ▶ 1358 *Grande Jacquerie*	▶ 1373 *Première œuvre du gothique flamboyant (cathédrale d'Amiens)* ▶ 1374 *Dernières persécutions contre les cathares*	▶ 1396 *Début du conflit entre « Armagnacs » et « Bourguignons »* ▶ 1415 *Bataille d'Azincourt*	▶ 1431 *Jeanne d'Arc brûlée à Rouen* ▶ 1453 *Fin de la guerre de Cent Ans*	▶ 1470 *Une imprimerie à la Sorbonne* ▶ 1477 *Mort de Charles le Téméraire à Nancy*	▶ 1495 *Les Français entrent à Naples* ▶ 1494 *Naissance de François Rabelais*

pris possession de cet héritage. Pour être libéré, il doit livrer en otages ses deux fils, François et Henri, qui lui seront rendus quatre ans plus tard contre une énorme rançon. Dès son retour en France, François ne tient pas parole et refuse de donner la Bourgogne à son ennemi mortel. La guerre reprend, jusqu'en 1529, avec le traité de Cambrai ou « paix des Dames » (négociée par Louise de Savoie et Marguerite d'Autriche, tante de Charles Quint). On pourrait croire à une réconciliation entre les deux rivaux, puisque François, devenu veuf, épouse l'année suivante Éléonore, sœur de Charles Quint. En fait, jusqu'à sa mort en 1547, François cherchera par tous les moyens à contrebalancer la puissance de son ennemi, qui dispose d'un afflux considérable de métal précieux en provenance d'Amérique. Il s'allie à la ligue des princes protestants allemands contre l'empereur, et plus tard aux Turcs que justement ce dernier s'apprêtait à attaquer.

Le roi de la Renaissance

On a dit de François Ier que sa grande erreur avait été de faire les guerres d'Italie. Certes, il y a dépensé des fortunes sans succès, mais il a introduit dans son pays les arts et les sciences de l'Italie, berceau de la Renaissance. Il a fait venir le grand peintre et homme de science Léonard de Vinci, ainsi que le Primatice, dont il a fait son décorateur. Il a donné à sa cour le style des cours italiennes : nombreux courtisans entraînés à l'art de la conversation, habits somptueux, fêtes grandioses... François aimait s'amuser et ne regardait pas à la dépense. La cour se déplaçait de château en château, et le roi affectionnait particulièrement ceux qu'il a fait construire ou agrandir dans le Val de Loire. Plus tard, c'est Fontainebleau qui devient sa demeure préférée et qui marque le vrai style de la Renaissance française.
Le roi n'est pas moins intéressé par la littérature et la vie intellectuelle. Guillaume Budé est son bibliothécaire et l'incite à fonder ce qui deviendra le Collège de France et qui, au départ, a pour mission de dispenser l'enseignement du latin, du grec et de l'hébreu. En somme, si François Ier inspire autant de sympathie, c'est parce qu'il a lutté pour unifier son royaume en donnant plus d'importance au pouvoir royal, mais, surtout, parce qu'il nous a laissé un merveilleux patrimoine.

Lui et Nous

La naissance de l'état civil

C'est surtout grâce à ce roi que chacun de nous peut reconstituer son arbre généalogique. En effet, par l'ordonnance de Villers-Cotterêts de 1539, il a exigé que les curés enregistrent les baptêmes et les enterrements, ce qui représente la première forme d'état civil.
Cette ordonnance prescrit aussi aux hommes de justice de rédiger les actes judiciaires en français, ce qui est une première étape vers l'unité linguistique de notre pays, où se sont parlés longtemps de nombreux dialectes.

François Ier reçoit à Fontainebleau le tableau de la Sainte Famille, envoyé de Rome par Raphaël. À ses côtés on distingue Marguerite de Navarre, Claude, reine de France, Louise de Savoie et Diane de Poitiers, la famille de Bourbon, Coligny, Bayard, Leonard de Vinci et le Cardinal Bembo. Peinture de Gabriel Lemonnier, 1743-1824. Rouen Musée des beaux-arts.

Louis XII	**François Ier**	Henri II	François II	Catherine de Médicis	Charles IX	Henri III
▶ 1504 *Les Français perdent Naples puis l'Italie (1512)* ▶ 1515 *Création d'un parlement en Normandie*	▶ 1515 *Bataille de Marignan* ▶ 1520 *Entrevue du Camp du Drap d'or*	▶ 1550-1552 *Pierre de Ronsard écrit Odes et Amours* ▶ 1559 *Traités du Cateau-Cambrésis*	▶ 1560 *Conjuration d'Amboise*	▶ 1562 *Après le massacre de Vassy, les protestants se révoltent : début des guerres de Religion*	▶ 1572 *La Saint-Barthélemy*	▶ 1585 *Fin des guerres de Religion* ▶ 1589 *Fin de la dynastie des Valois*

Charles IX

Bien que son règne ait duré quatorze ans, Charles IX ne gouverna jamais véritablement la France. S'il a succédé à son frère à l'âge de dix ans, c'est sa mère, la régente Catherine de Médicis, qui a tenu les rênes du pouvoir. Marqué par le déchaînement des guerres de Religion, son règne s'achève dans l'horreur des suites du massacre de la Saint-Barthélemy.

François Clouet. Charles IX (1550-1574), roi de France. *Musée Carnavalet, Paris.*

Un adolescent sur le trône

Né le 27 juin 1550 à Saint-Germain-en-Laye, Charles IX est le cinquième enfant d'Henri II et Catherine de Médicis et le deuxième à régner. Il succède en effet à son frère, le 5 décembre 1560. C'est un « admirable enfant. Il a de l'ardeur, de la générosité, de la bonté. Sa physionomie est belle et ses yeux particulièrement beaux, mais il est faible de tempérament. Il mange et boit peu. Il aime passionnément les exercices du corps, le jeu de paume et le dressage du cheval… L'étude ne lui plaît guère; cependant, il s'y met pour faire plaisir à sa mère ». Ce portrait du nouveau roi, tracé par l'ambassadeur de Venise, est d'une grande perspicacité. Charles IX n'était pas préparé pour être roi, et sa personnalité est profondément influencée par sa mère. Couronné en 1561,

Philippe VI de Valois	Jean II le Bon	Charles V le Sage	Charles VI le Fou	Charles VII le Victorieux	Louis XI	Charles VIII
▶ **1337** *Début de la guerre de Cent Ans* ▶ **1346** *Siège de Calais* ▶ **1348** *La grande peste*	▶ **1356-1358** *Étienne Marcel dirige le soulèvement du peuple de Paris* ▶ **1358** *Grande Jacquerie*	▶ **1373** *Première œuvre du gothique flamboyant (cathédrale d'Amiens)* ▶ **1374** *Dernières persécutions contre les cathares*	▶ **1396** *Début du conflit entre « Armagnacs » et « Bourguignons »* ▶ **1415** *Bataille d'Azincourt*	▶ **1431** *Jeanne d'Arc brûlée à Rouen* ▶ **1453** *Fin de la guerre de Cent Ans*	▶ **1470** *Une imprimerie à la Sorbonne* ▶ **1477** *Mort de Charles le Téméraire à Nancy*	▶ **1495** *Les Français entrent à Naples* ▶ **1494** *Naissance de François Rabelais*

Le colloque de Poissy, en 1561, se tint à l'initiative de Catherine de Médicis et Michel de L'Hospital, ici représentés aux côtés de Charles IX, pour tenter de trouver un accord entre catholiques et protestants. Bibliothèque de l'Histoire du protestantisme, Paris.

il ne devient majeur qu'à l'âge de quatorze ans, en 1564. En 1570, il épousera Élisabeth d'Autriche, dont il n'aura qu'une fille, morte à l'âge de six ans.

La plongée dans la violence

Dans les premiers mois de la régence, Catherine de Médicis tente de réconcilier les protestants avec la Couronne. Conseillée par le chancelier Michel de L'Hospital, la régente fait libérer les réformés emprisonnés. Elle organise le colloque de Poissy, entre les théologiens catholiques et protestants, qui n'aboutit à rien, sinon à mettre sur un plan d'égalité les tenants des deux religions.
Un an plus tard, le 15 janvier 1562, le traité de Saint-Germain-en-Laye donne le droit aux réformés de célébrer leur culte. Mais en mars éclate la première guerre civile, à la suite du massacre de protestants à Wassy, perpétré par des hommes des Guises.
Les chefs huguenots Condé et Coligny s'adressent à l'Angleterre pour obtenir de l'aide. Les catholiques font de même, mais auprès du roi d'Espagne, Philippe II. Cette première guerre s'achève en 1564, après que les deux partis ont perdu leurs chefs.
Catherine de Médicis accorde aux protestants la liberté de culte, mais seulement à titre privé.

Début d'un règne

Devenu majeur, Charles IX, accompagné de sa mère, fait un véritable tour de France qui dure deux années, de 1564 à 1566, pour rencontrer ses sujets.
La reine mère a invité le fils d'Antoine de Bourbon, le jeune protestant Henri de Navarre (futur Henri IV), à accompagner la cour royale. La paix est de courte durée. Les protestants envisagent d'enlever le roi pour mieux le contrôler. Le complot, passé à la postérité sous le nom de « tumulte de Meaux », est éventé. Le roi s'échappe et l'armée protestante assiège Paris — ville restée catholique. La capitale est sauvée par la victoire des troupes royales devant Saint-Denis. Michel de L'Hospital réussit à ramener la paix (paix de Longjumeau, 1568), mais, désespéré par le fanatisme des deux partis, il démissionne de ses fonctions de chancelier. La parole est une nouvelle fois aux armes. Quelques mois plus tard, une troisième guerre — courte mais très violente — ravage l'ouest du pays. Le jeune frère du roi, le duc d'Anjou — futur Henri III —, s'illustre aux batailles de Jarnac et de Moncontour. Le chef des protestants, le prince de Condé, est fait prisonnier puis assassiné. Il est remplacé par l'amiral de Coligny, qui décide de se réfugier dans le port de La Rochelle. Consciente qu'un siège en règle ne pourrait chasser les protestants, Catherine de Médicis décide de ne pas laisser s'organiser une zone protestante indépendante : elle accepte de négocier.

Un pas vers la paix

Le traité de Saint-Germain-en-Laye (août 1570) est connu sous le nom de « paix de la Reine », car c'est Catherine de Médicis qui l'a réellement

La bataille de Jarnac (13 mars 1569). Tapisserie en laine et soie. Musée de la Renaissance, château d'Écouen.

Louis XII	François Ier	Henri II	François II	**Catherine de Médicis**	**Charles IX**	Henri III
▶ **1504** *Les Français perdent Naples puis l'Italie (1512)* ▶ **1515** *Création d'un parlement en Normandie*	▶ **1515** *Bataille de Marignan* ▶ **1520** *Entrevue du Camp du Drap d'Or*	▶ **1550-1552** *Pierre de Ronsard écrit Odes et Amours* ▶ **1559** *Traités du Cateau-Cambrésis*	▶ **1560** *Conjuration d'Amboise*	▶ **1562** *Après le massacre de Vassy, les protestants se révoltent : début des guerres de Religion*	▶ **1572** *La Saint-Barthélemy*	▶ **1585** *Fin des guerres de Religion* ▶ **1589** *Fin de la dynastie des Valois*

Le massacre des huguenots la nuit de la Saint-Barthélemy (23 au 24 août 1572) à Paris. Musée cantonal des Beaux-Arts, Lausanne (Suisse).

voulue. Le roi la voulait tout autant, car il ne ressentait aucune animosité envers les protestants. Outre la liberté de conscience et de culte, les huguenots se voient donner quatre villes fortes, ou places de sûreté, qu'ils pourront défendre avec une force armée organisée. Les catholiques sont scandalisés par ce qu'ils considèrent comme un abandon de souveraineté inacceptable de la part du pouvoir royal. D'autant que la reine mère et le roi cherchent à s'allier les Bourbons. Henri, prince de Navarre, est une nouvelle fois appelé à la cour. Cousin du roi, ce protestant est un des princes les plus proches de la succession en cas d'absence d'enfants mâles dans la famille régnante. Charles apprécie son lointain cousin et envisage même de lui donner en mariage sa jeune sœur Marguerite. L'amiral de Coligny, reconnu pour son intelligence et ses compétences, devient le conseiller privé du roi, renforçant le poids des huguenots à la cour.

Religion et diplomatie

La France n'est pas la seule à connaître des troubles religieux. Aux Pays-Bas sous autorité espagnole, les calvinistes subissent une répression terrible. Le roi voit aussi s'affaiblir l'allié traditionnel turc qui faisait contrepoids à la puissance espagnole : le sultan ottoman subit la destruction complète de sa flotte à Lépante en 1571. Pour Coligny, l'affaiblissement de l'Espagne, ligne politique traditionnelle de la France, peut se conjuguer avec l'aide aux calvinistes flamands. Le roi semble prêt à suivre son conseiller. La reine mère s'inquiète que puisse être détruit le fragile équilibre qu'elle a réussi à instaurer.

La Saint-Barthélemy

Tous ces événements trouvent un dénouement tragique : le massacre de la Saint-Barthélemy. Pourtant, l'atmosphère est à la fête dans la capitale, le 18 août 1572. Marguerite de Valois épouse Henri de Navarre sur le parvis de la cathédrale Notre-Dame : le mariage n'a pu être célébré à l'intérieur puisque les deux époux sont de confessions différentes. Toute la noblesse et les dignitaires du pays sont présents pour participer aux réjouissances. Mais, dans le secret du Conseil des ministres, le drame se prépare. La reine rejette la politique de l'amiral de Coligny. Elle n'hésite pas à déclarer qu'elle préfère une guerre civile à une guerre étrangère. Les Guises, chefs de la faction catholique, comprennent cette déclaration comme un encouragement et décident de faire assassiner Coligny. L'attentat a lieu le 20, mais l'amiral n'est que légèrement blessé. Charles IX se rend auprès de son conseiller, qui le supplie de régner enfin seul et d'éloigner sa mère du pouvoir. Le sort du pays est entre les mains du roi. Mais celui-ci se montre trop faible. Il cède à sa mère, qui résume la situation en ces termes : des protestants ou des catholiques, il faut qu'un des partis disparaisse immédiatement. Charles IX accepte le principe de l'extermination des huguenots. Le 24 août, jour de la Saint-Barthélemy, les Guises dirigent le massacre. L'amiral de Coligny fait partie des premières victimes. Les troupes royales et les milices catholiques pourchassent et tuent tous les protestants qui tombent entre leurs mains.
En quelques jours, entre 15 000 et 20 000 huguenots trouvent la mort dans la capitale et dans plusieurs villes de province.

Une triste fin

Le massacre provoque une quatrième guerre qui se limite au soulèvement de deux places fortes protestantes : La Rochelle et Sancerre. Les troupes royales les assiègent sans toutefois réussir à s'en emparer. Malgré le massacre, le parti protestant n'est pas décapité.
Henri de Navarre, beau-frère du roi, a été épargné, mais il est maintenu prisonnier à la cour. Charles est gagné par le remords. Affaibli, il est emporté par la tuberculose le 30 mai 1574, à Vincennes, moins de deux ans après le massacre.

Lui et Nous

Le 1er janvier, nouveau début de l'année

C'est au jeune roi Charles IX que nous devons de fêter l'année nouvelle le premier jour du mois de janvier. Une des premières mesures qu'il édicta dès sa majorité contribua donc à transformer profondément les habitudes des Français. L'édit de Roussillon fut pris lors d'un voyage effectué en 1564. À partir de l'année 1565, le commencement de l'année ne sera plus le dimanche de Pâques, mais le premier jour de janvier. Il s'agit d'un retour au calendrier julien, qui avait été abandonné au XIIe siècle.

Philippe VI de Valois	Jean II le Bon	Charles V le Sage	Charles VI le Fou	Charles VII le Victorieux	Louis XI	Charles VIII
▶ 1337 *Début de la guerre de Cent Ans* ▶ 1346 *Siège de Calais* ▶ 1348 *La grande peste*	▶ 1356-1358 *Étienne Marcel dirige le soulèvement du peuple de Paris* ▶ 1358 *Grande Jacquerie*	▶ 1373 *Première œuvre du gothique flamboyant (cathédrale d'Amiens)* ▶ 1374 *Dernières persécutions contre les cathares*	▶ 1396 *Début du conflit entre « Armagnacs » et « Bourguignons »* ▶ 1415 *Bataille d'Azincourt*	▶ 1431 *Jeanne d'Arc brûlée à Rouen* ▶ 1453 *Fin de la guerre de Cent Ans*	▶ 1470 *Une imprimerie à la Sorbonne* ▶ 1477 *Mort de Charles le Téméraire à Nancy*	▶ 1495 *Les Français entrent à Naples* ▶ 1494 *Naissance de François Rabelais*

Catherine de Médicis

La veuve d'Henri II n'exerce véritablement le pouvoir qu'à partir de 1560, lorsqu'elle assure la régence du royaume à la suite de la mort de son fils aîné, François II. Auparavant, cette petite femme au port robuste et à la gorge puissante a vécu dans l'ombre de sa rivale, Diane de Poitiers, puis de sa belle-fille, Marie Stuart. Dotée d'un tempérament sanguin, elle n'est pas d'une grande beauté et son corps a souffert de dix grossesses. Aimant profondément son royal mari Henri II, elle a ressenti comme une profonde humiliation la place officielle que celui-ci avait réservée à Diane. En 1559, c'est avec joie qu'elle chasse la duchesse de Valentinois et la dépossède de tous ses biens. Devenue régente, elle montre vite de véritables talents de chef d'État. Dans la situation de début de guerre civile qui marque les premières années de la régence, elle adopte tout d'abord une position conciliatrice entre les catholiques (les Guises) et les protestants (les Condés). Malgré ses efforts, elle ne peut empêcher le déclenchement de la guerre civile. Dès lors, Catherine de Médicis réagit au coup par coup face aux conspirations, massacres, négociations et trêves qui émaillent les règnes de ses deux fils. Elle meurt en 1589, quelques mois avant Henri III. Elle porte une très grande responsabilité dans le déclenchement de la Saint-Barthélemy, mais on ne peut lui reprocher d'avoir perdu le sens de l'intérêt de l'État.

Louis XII	François Ier	Henri II	François II	**Catherine de Médicis**	**Charles IX**	Henri III
▶ **1504** *Les Français perdent Naples puis l'Italie (1512)* ▶ **1515** *Création d'un parlement en Normandie*	▶ **1515** *Bataille de Marignan* ▶ **1520** *Entrevue du Camp du Drap d'Or*	▶ **1550-1552** *Pierre de Ronsard écrit Odes et Amours* ▶ **1559** *Traités du Cateau-Cambrésis*	▶ **1560** *Conjuration d'Amboise*	▶ **1562** *Après le massacre de Vassy, les protestants se révoltent: début des guerres de Religion*	▶ **1572** *La Saint-Barthélemy*	▶ **1585** *Fin des guerres de Religion* ▶ **1589** *Fin de la dynastie des Valois*

Henri III

La postérité a brocardé Henri III pour ses goûts efféminés, ce qui ne l'empêcha pas de prendre des décisions politiques courageuses. Lorsqu'il accède au pouvoir, le pays n'a jamais été aussi divisé : catholiques et protestants sont en lutte depuis plus de quinze ans. La logique d'extermination qui a présidé au massacre de la Saint-Barthélemy a toujours cours.

Henri III (1551-1589) portant le ruban bleu de l'ordre du Saint-Esprit, qu'il a fondé en 1578. Musée du Louvre, Paris.

Une entrée en matière singulière

C'est à un roi de… Pologne qu'un coursier annonce, le 15 juin 1574, qu'il succède sur le trône de France à son frère Charles IX, décédé seize jours plus tôt. En effet, en vertu du jeu des alliances diplomatiques, la diète de Pologne avait élu roi le jeune prince français en 1573. Sans prévenir les nobles polonais, Henri s'enfuit de Cracovie et retourne en France par Vienne, Venise et la plaine du Pô. Tout au long de ce voyage, ce ne sont que fêtes et acclamations pour le nouveau roi de France, qui est sacré et marié à Louise de Vaudémont en février 1575.

Le nouveau roi est, comme ses frères, de faible constitution. Né en 1551, bel homme aux traits fins, cultivé, toujours très maquillé, il s'entoure de jeunes nobles. Très conscient de l'importance et du caractère sacré de sa charge, Henri impose un protocole strict, qui vise à faire du roi un être à part que l'on ne peut approcher sans son consentement. La crainte de l'assassinat et la volonté de sacraliser la personne royale sont les raisons majeures de cette étiquette.

La guerre pour les Trois-Évêchés

Sitôt monté sur le trône, Henri III est confronté à une nouvelle guerre de Religion — la cinquième. Courte, celle-ci s'achève par la « paix de Monsieur » (mai 1576), nom donné à François d'Alençon, frère du roi. Auparavant, le duc de Guise avait battu les troupes protestantes du prince de Condé à Dormans.

Philippe VI de Valois	Jean II le Bon	Charles V le Sage	Charles VI le Fou	Charles VII le Victorieux	Louis XI	Charles VIII
▶ 1337 *Début de la guerre de Cent Ans* ▶ 1346 *Siège de Calais* ▶ 1348 *La grande peste*	▶ 1356-1358 *Étienne Marcel dirige le soulèvement du peuple de Paris* ▶ 1358 *Grande Jacquerie*	▶ 1373 *Première œuvre du gothique flamboyant (cathédrale d'Amiens)* ▶ 1374 *Dernières persécutions contre les cathares*	▶ 1396 *Début du conflit entre « Armagnacs » et « Bourguignons »* ▶ 1415 *Bataille d'Azincourt*	▶ 1431 *Jeanne d'Arc brûlée à Rouen* ▶ 1453 *Fin de la guerre de Cent Ans*	▶ 1470 *Une imprimerie à la Sorbonne* ▶ 1477 *Mort de Charles le Téméraire à Nancy*	▶ 1495 *Les Français entrent à Naples* ▶ 1494 *Naissance de François Rabelais*

Lui et Nous

Les droits de douane

Le Trésor royal est vide, les dettes du souverain s'accumulent. Pour éviter la banqueroute et la défaite, Henri III et ses ministres laissent courir leur imagination : taxes sur les cartes à jouer, taxes sur l'accession à la maîtrise pour les futurs artisans et, enfin, en 1582, la généralisation de la taxation de toutes les marchandises franchissant les frontières du royaume. Les droits de douane sont nés...

Marche de la Sainte Ligue sur la place de Grève à Paris. *Musée Carnavalet, Paris.*
La Sainte Ligue fut fondée par les ducs de Guise contre les huguenots.

Ce dernier avait en effet promis de remettre les Trois-Évêchés — Metz, Toul et Verdun — aux princes allemands. La paix est favorable aux protestants, qui recouvrent la liberté de culte.

La Sainte Ligue

Affaibli, le roi, poussé par les Guises, convoque les états généraux en décembre 1576, pour obtenir le droit de lever de nouveaux impôts, le Trésor royal étant vide. Les catholiques annoncent la création d'une faction armée organisée, la Sainte Ligue. Inquiet pour sa sécurité, Henri de Navarre s'enfuit de la cour, abjure le catholicisme et s'établit en Béarn, à Nérac, où il organise une petite cour. Deux courtes guerres, les sixième et septième (dénommée la guerre des Amoureux), ne touchent que des zones limitées en Languedoc, en 1577 et de 1578 à 1580. Une nouvelle fois, Monsieur fait jouer ses talents de médiateur (paix de Fleix, 1580).

Une catastrophe dynastique

Les négociateurs ont prévu une trêve de six années, qui est appliquée à la lettre par les deux parties. Mais, en 1584, la mort du jeune frère du roi, François d'Alençon, duc d'Anjou, durant une mission militaire à l'étranger, complique la situation dynastique. Le roi n'ayant pas encore d'enfants, l'héritier de la couronne de France devient son cousin Henri de Navarre, par ailleurs son beau-frère — il a épousé la sœur du roi, Marguerite de Navarre, la « reine Margot » — et chef des protestants. Pour les catholiques, cette perspective est insupportable. Les Guises affirment que seul un catholique peut prétendre au trône de France. La question dynastique devient un problème européen. Inévitable, la guerre reprend en 1586. Henri III voit s'opposer à lui Henri de Guise et Henri de Navarre.

La guerre des trois Henri

Henri III est conscient que, en tant que souverain, il doit faire jouer d'abord la légitimité dynastique et repousser le principe religieux. Mais il doit affronter la rébellion des catholiques dirigés par les Guises. Perdant le contrôle de Paris (journée des Barricades, le 12 mai 1588), Henri III se réfugie à Chartres. N'ayant plus de capitale, isolé sur le plan international, Henri III se voit contraint de céder aux exigences des Guises : il nomme Henri de Guise lieutenant général du royaume et, par l'édit d'Alençon, exige que son successeur soit catholique. Cherchant du soutien, le roi convoque les états généraux et, devant leur résistance, décide de se débarrasser du duc de Guise et le fait assassiner (23 décembre 1588). Le roi, excommunié par le pape, choisit de s'allier ouvertement à Henri de Navarre en avril. Les deux Henri décident de faire le siège de Paris. C'est à Saint-Cloud qu'un moine dominicain, Jacques Clément, membre de la Ligue, poignarde le roi, le 1er août 1589. Le lendemain, Henri III expire.

Les « mignons »

Ce nom a été donné par le peuple aux jeunes nobles qui entouraient le roi. Ces derniers, très élégants, affectaient des attitudes efféminées. Ils portaient une fraise, cette grande dentelle blanche à nombreux plis qu'ils passaient autour de leur cou, ainsi qu'un pourpoint bouffant. Maquillés, gourmés et pommadés, ils étaient pourtant de redoutables combattants et savaient se servir de leurs armes quand leur honneur était en jeu.

Bal au Louvre au temps d'Henri III. Musée du Louvre, Paris.

Louis XII	François Ier	Henri II	François II	Catherine de Médicis	Charles IX	**Henri III**
▶ **1504** *Les Français perdent Naples puis l'Italie (1512)* ▶ **1515** *Création d'un parlement en Normandie*	▶ **1515** *Bataille de Marignan* ▶ **1520** *Entrevue du Camp du Drap d'Or*	▶ **1550-1552** *Pierre de Ronsard écrit Odes et Amours* ▶ **1559** *Traités du Cateau-Cambrésis*	▶ **1560** *Conjuration d'Amboise*	▶ **1562** *Après le massacre de Vassy, les protestants se révoltent : début des guerres de Religion*	▶ **1572** *La Saint-Barthélemy*	▶ **1585** *Fin des guerres de Religion* ▶ **1589** *Fin de la dynastie des Valois*

Les Bourbons

AN 1589...	LES BOURBONS	
Henri IV *1553-1610* Roi de France 1589-1610	Louis XIII le Juste *1601-1643* Roi de France 1610-1643 ***Marie de Médicis 1573-1642*** *Régente 1610-1614*	Louis XIV le Grand *1638-1715* Roi de France 1643-1715 ***Anne d'Autriche 1601-1666*** *Régente 1643-1651*

LES BOURBONS		... AN 1792
Louis XV le Bien-Aimé *1710-1774* Roi de France 1715-1774 ***Philippe d'Orléans*** 1674-1723 *Régent 1715-1723*	**Louis XVI** *1754-1793* Roi de France 1774-1792	**Louis XVII** *1785-1795*

Henri IV

Henri IV (1553-1610), roi de Navarre et de France.
Portrait peint par Frans Pourbus le Jeune. Musée du Louvre, Paris.

Surnommé Henri le Grand, Henri IV est le plus populaire des rois de France depuis près de quatre siècles. Son principal mérite est d'avoir mis fin aux guerres de Religion. L'édit de Nantes, promulgué en 1599, est considéré comme un acte de tolérance. Souverain assassiné, il fait figure de victime du fanatisme, ce qui a accru son aura pour la postérité.

L'enfance d'un prince

Fils d'Antoine de Bourbon, chef de la famille des Bourbons — une branche des Valois descendant de l'un des fils de Saint Louis —, et de Jeanne d'Albret, Henri de Navarre est apparenté à la famille royale. En dépit de cette proximité, le jeune prince reçoit une éducation stricte mais très rustique dans son Béarn natal — il est né à Pau en 1553. Sa mère, pieuse catholique, est devenue une protestante fervente et exigeante, qui attend de son fils qu'il se plie aux enseignements bibliques. Mais le jeune garçon est souvent à la cour avec son père, qui, sous François II, occupe la fonction de lieutenant général du royaume. Intime de la famille royale, il y fait admirer sa joie de vivre, même si ses habitudes et ses manières n'ont rien à voir avec celles des mignons de son royal cousin Henri III. Alors que ces derniers n'hésitent pas à se poudrer et à se parfumer sans retenue, Henri, qui se lave peu, signale toujours sa présence par de fortes odeurs.

Henri IV		Louis XIII le Juste		Louis XIV le Grand	
▶ 1591 *La Ligue : terreur à Paris* ▶ 1598 *Publication de l'édit de Nantes*	▶ 1606 *Naissance de Pierre Corneille* ▶ 1610 *Henri IV assassiné par Ravaillac*	▶ 1610-1614 *Marie de Médicis est régente* ▶ 1622 *Naissance de Molière* ▶ 1623 *Naissance de Blaise Pascal*	▶ 1631 *T. Renaudot fonde la Gazette, le premier journal* ▶ 1653 *Fondation de l'Académie française*	▶ 1643 *Anne d'Autriche est régente* ▶ 1665 *La Fontaine publie ses Contes* ▶ 1685 *Révocation de l'édit de Nantes*	▶ 1685 *Naissance de Voltaire* ▶ 1712 *Naissance de Rousseau* ▶ 1713 *Naissance de Diderot*

Le goût des formules

« Paris vaut bien une messe », « Ralliez-vous à mon panache blanc, vous le trouverez toujours sur le chemin de l'honneur », « Si Dieu me donne encore de la vie, je ferai qu'il n'y aura pas de laboureur en mon royaume qui n'ait moyen d'avoir une poule dans son pot », « Labourage et pastourage sont les deux mamelles dont la France est alimentée et ses vraies mines et trésors du Pérou ». Que ces phrases aient été véritablement prononcées par Henri IV – ou par Sully, pour la dernière – ou qu'elles lui fussent généreusement attribuées, elles témoignent du profond attachement des Français à ce souverain, proche de ses sujets, qui a su laisser une image de véritable père de la nation.

Le Vert-Galant

Si Henri de Navarre manque de distinction, il n'en est pas moins un homme séduisant. À dix-neuf ans, il épouse la sœur du roi, Marguerite de Valois, la reine Margot, sensuelle et coquette. Dans ce mariage de circonstance, l'amour n'est pas longtemps au rendez-vous. Commence alors pour Henri une longue carrière de séducteur et d'amoureux. Il a tant aimé les femmes que le surnom de Vert-Galant l'a suivi toute son existence. Si sa position de prince puis de roi contribua à rendre ses conquêtes féminines faciles, il tomba à plusieurs reprises réellement amoureux. Parmi les passions du Vert-Galant, on peut compter la comtesse de Grammont, Gabrielle d'Estrées — dont il eut un fils —, Henriette de Balzac d'Entragues ou encore Françoise de Montmorency.

La conquête du trône

Lorsque Henri III expire à Saint-Cloud, Henri de Navarre est le roi légitime, mais encore faut-il qu'il gagne la reconnaissance des Français, plus particulièrement des catholiques, et des grandes puissances, notamment l'Espagne et la papauté. Sixte Quint avait rendu publique une bulle soutenant qu'un protestant ne pouvait prétendre au trône de France. Et les Guises, forts de ce soutien et de celui de la Ligue, n'hésitent pas à proclamer roi de France sous le nom de Charles X le cardinal Charles de Lorraine. La poursuite de la guerre est inévitable et le royaume est l'objet de nombreuses convoitises étrangères : celles de l'Espagne, car Philippe II réclame le trône pour sa fille, petite-fille d'Henri II, et celles de la maison de Savoie, dont le souverain est le petit-fils de François Ier.
Face à cette montée des périls, Henri IV promet la liberté de conscience en août 1589, mais la majorité du pays lui reste hostile. Il décide de le conquérir par les armes. En septembre 1589, il remporte la bataille d'Arques, près de Dieppe, puis tente de s'emparer de Paris, mais il doit lever le siège de la capitale devant le retour des troupes catholiques, renforcées par les Espagnols et commandées par le duc de Montmorency.
L'année suivante, en février 1590, après la victoire d'Ivry, près d'Évreux, Henri de Navarre fait une seconde fois le siège de Paris, mais il doit rapidement le lever lorsque les assiégés reçoivent de nouveaux renforts espagnols.
Après deux échecs militaires, Henri décide d'opérer une ouverture politique : en 1591, il proclame un édit qui abroge les mesures d'intolérance. Puis, en 1593, lors de nouveaux états généraux, Henri se déclare prêt à se convertir au catholicisme, ce qu'il fait le 25 juillet 1593 à Saint-Denis.
En février 1594, il est sacré roi à Chartres. De leur côté, les catholiques les plus intransigeants n'ont pas désarmé, mais sont contraints de quitter Paris, qui réserve un accueil chaleureux à Henri IV le 22 mars 1594.
Restait au roi à faire reconnaître son pouvoir par l'ennemi, l'Espagne, dont les troupes, venues de Flandre, s'aventurent dans le nord et l'est du pays, en particulier en Picardie et en Bourgogne. Bien que vainqueur en 1595 à Fontaine-Française, Henri IV ne réussira à signer la paix que trois ans plus tard, en mai 1598, par le traité de Vervins.

L'œuvre de réconciliation

Reconnu comme souverain légitime, Henri IV doit cicatriser les plaies d'un pays ravagé moralement et matériellement

Marguerite de Valois

La première épouse du prince de Navarre ne lui donna pas d'enfant. Le couple, uni pour des raisons politiques par Catherine de Médicis, se déchira très vite, chacun menant de son côté une vie sentimentale très ardente. Elle fut un temps exilée en Auvergne, à Usson, sur ordre d'Henri III, en 1587. Elle s'adonna à la littérature et écrira de nombreux poèmes et des Mémoires. Nominalement reine en 1589, elle ne revendique pas sa place auprès d'Henri IV. Elle ne fait pas non plus de difficultés, en 1599, lorsque le roi obtient du pape l'annulation de leur mariage. Elle est réadmise à la cour en 1605 et meurt à Paris en 1615.

Marguerite de France (1553-1615), dite la reine Margot, reine de Navarre. Portrait de François Clouet (1772). Musée Crozatier, Le Puy-en-Velay.

Louis XV le Bien-Aimé		Louis XVI		Louis XVII	
▶ 1715-1723 *Philippe d'Orléans est régent*	▶ 1730 *Essor de la philosophie des Lumières*	▶ 1776 *Premier bateau à vapeur (inventé par Jouffroy)*	▶ 1789 *Prise de la Bastille (14 juillet). Déclaration des droits de l'homme. Saisie des biens du clergé*	▶ 1793 *Création de l'armée révolutionnaire. Instruction publique gratuite et obligatoire*	▶ 1794 *Le français langue obligatoire des actes officiels*
▶ 1716 *Fondation de la « banque générale » de Law ; premiers « billets de banque »*	▶ 1751 *Parution de l'Encyclopédie*	▶ 1779 *Le servage est supprimé dans les domaines royaux*		▶ 1793 *Procès et exécution de Marie-Antoinette*	▶ 1795 *Les royalistes écrasés par Bonaparte. Mise en place du Directoire*

L'Entrée d'Henri IV à Paris. *Les Parisiens accueillirent Henri de Navarre d'une manière triomphale. Galerie des Batailles, Versailles.*

par quarante années de guerre. Il est aidé par la papauté, qui lève l'excommunication en septembre 1595, ce qui ôte aux Ligueurs leur dernière raison de s'opposer, et qui, par obéissance au pape, font leur soumission.

Le roi appelle au renforcement de la concorde civile et demande à tous les notables d'y participer. Si les catholiques le reconnaissent comme roi, les protestants veulent obtenir des garanties importantes, car ils sont devenus circonspects devant l'attitude de leur ancien chef face à la religion. Trois ans de négociations aboutissent à la promulgation de l'édit de Nantes, en avril 1598. Ce traité assure la liberté de culte aux protestants dans des conditions très draconiennes, même s'ils obtiennent des avantages particuliers, tels que des places de sûreté. La paix civile rétablie, le trône ne peut être assuré que si Henri IV a un héritier rapidement. Séparé d'avec la reine Margot, qui était installée en Auvergne, Henri vagabonde de maîtresse en maîtresse. Sur les conseils de Sully, il accepte l'idée d'un mariage avec une princesse florentine, Marie de Médicis. Une fois le mariage avec Marguerite cassé par le pape, l'union est célébrée le 17 décembre 1600. Un an plus tard naît un premier garçon, qui deviendra Louis XIII. En deux années, le trône est stabilisé, et le roi est reconnu par tous.

La reconstruction

Henri IV renforce d'abord les pouvoirs de l'État. Territorialement, il agrandit le royaume en échangeant avec le duc de Savoie le marquisat de Saluces, situé au-delà des Alpes, contre la Dombes, le Bugey et le Valromey. Entouré de quelques ministres aussi attachés que lui à la gloire de l'État, comme Sully, il contribue à moderniser et à centraliser la machine étatique : les gouverneurs sont assistés d'intendants devenus permanents. Sully s'attaque à la dette qui grève les finances royales. En dix ans, il la fait baisser d'un tiers en recourant à diverses mesures : faillite, dévaluation

Lui et Nous

Soie française

Si la France, et Lyon plus particulièrement, a développé avec succès la production, le commerce et la fabrication de la soie, elle le doit à un conseiller d'Henri IV, Olivier de Serres. Cet ingénieur agronome fait planter en 1601 vingt mille pieds de mûrier, la nourriture préférée des vers à soie, à Paris et à Fontainebleau. L'année suivante, le roi décide d'interdire l'importation de soie de l'étranger et d'aider les volontaires à planter la précieuse plante pour élever des vers à soie.

Henri IV		Louis XIII le Juste		Louis XIV le Grand	
▶ 1591 *La Ligue : terreur à Paris*	▶ 1606 *Naissance de Pierre Corneille*	▶ 1610-1614 *Marie de Médicis est régente*	▶ 1631 *T. Renaudot fonde la Gazette, le premier journal*	▶ 1643 *Anne d'Autriche est régente*	▶ 1685 *Naissance de Voltaire*
▶ 1598 *Publication de l'édit de Nantes*	▶ 1610 *Henri IV assassiné par Ravaillac*	▶ 1622 *Naissance de Molière*		▶ 1665 *La Fontaine publie ses Contes*	▶ 1712 *Naissance de Rousseau*
		▶ 1623 *Naissance de Blaise Pascal*	▶ 1653 *Fondation de l'Académie française*	▶ 1685 *Révocation de l'édit de Nantes*	▶ 1713 *Naissance de Diderot*

Le mariage par procuration de Marie de Médicis et d'Henri IV. Le mariage eut lieu à Florence, un dignitaire du royaume représentant Henri, resté en France. Histoire de Marie de Médicis. *Musée du Louvre, Paris.*

de la monnaie et surtout impôts nouveaux, comme celui de la « paulette », perçu sur la valeur des charges des officiers (nom donné à l'époque aux magistrats). L'artisanat et l'industrie sont développés : grâce à l'économiste Barthélemy Laffemas, des manufactures de verre et de tapis sont créées. Enfin, le roi soutient les efforts de colonisation en Amérique et envoie Champlain fonder un établissement au Canada.

Vers la guerre

La France connaît dix ans de paix et de prospérité tant à l'intérieur qu'à l'extérieur de ses frontières.

J.A. D. Ingres. Henri IV jouant avec ses enfants. *On y voit Élisabeth, future reine d'Espagne, Louis, futur Louis XIII, Christine, future duchesse de Savoie, et Nicolas, duc d'Orléans. La scène a lieu alors que l'ambassadeur d'Espagne (à gauche) est admis dans la pièce.*

Mais en 1610, de nouveaux périls se profilent. Le roi est inquiet de la politique de l'Autriche, fer de lance de la reconquête catholique. Il ne veut pas que l'empereur Rodolphe s'approche des frontières françaises. Or ce dernier occupe militairement deux principautés rhénanes situées au nord de Cologne, les principautés de Clèves et de Juliers, à la suite de la mort sans héritier de leur souverain. Henri IV décide immédiatement de lever trois armées destinées l'une à attaquer l'Italie, l'autre l'Espagne et la troisième les Pays-Bas. Il remet la régence entre les mains de Marie de Médicis, qui est sacrée reine le 13 mai 1610.

L'assassinat et la postérité

La décision du roi inquiète tout le parti catholique. Les opposants dénoncent cette guerre huguenote, certains ajoutant qu'elle n'est déclarée que pour assouvir une passion scandaleuse avec la très jeune Charlotte des Essarts, que son époux a enlevée et emmenée aux Pays-Bas. Complot ou pas, un maître d'école de province exalté, François Ravaillac, forme le projet d'assassiner le roi. Le 14 mai 1610, il grimpe sur le marchepied de la voiture royale bloquée par des embouteillages, rue de la Ferronnerie, et poignarde le souverain, qui meurt presque dans l'instant. La France perd le plus populaire de ses souverains. Le pays entre dans une période d'instabilité avec une nouvelle régence.

Louis XV le Bien-Aimé	Louis XVI	Louis XVII
▶ 1715-1723 *Philippe d'Orléans est régent* ▶ 1716 *Fondation de la « banque générale » de Law ; premiers « billets de banque »* ▶ 1730 *Essor de la philosophie des Lumières* ▶ 1751 *Parution de l'Encyclopédie*	▶ 1776 *Premier bateau à vapeur (inventé par Jouffroy)* ▶ 1779 *Le servage est supprimé dans les domaines royaux* ▶ 1789 *Prise de la Bastille (14 juillet). Déclaration des droits de l'homme. Saisie des biens du clergé*	▶ 1793 *Création de l'armée révolutionnaire. Instruction publique gratuite et obligatoire* ▶ 1793 *Procès et exécution de Marie-Antoinette* ▶ 1794 *Le français langue obligatoire des actes officiels* ▶ 1795 *Les royalistes écrasés par Bonaparte. Mise en place du Directoire*

Louis XIII le Juste

© Château de Versailles/Giraudon

Louis le Juste régna durant plus de trente ans, mais son nom s'efface derrière l'extraordinaire personnalité de son principal ministre, le cardinal de Richelieu. Pourtant, cette impression est trompeuse. Louis XIII, conscient de son rôle, fut animé d'une volonté farouche. Richelieu, présenté comme tout-puissant, ne disait-il pas que la place forte la plus difficile à conquérir était le cabinet du roi ?

Louis XIII le Juste (1601-1643). Ce portrait de Juste d'Egmont, peintre flamand, orne une porte de l'appartement d'Anne d'Autriche, épouse de Louis XIII, au château de Versailles.

Un meurtre d'État pour s'affirmer

En 1610, la France connaît une nouvelle fois les incertitudes d'une régence. Né le 27 septembre 1601 à Fontainebleau, l'héritier du trône n'est âgé que d'un peu plus de huit ans à la mort brutale de son père, Henri IV. Réservé, introverti et très timide, le jeune Louis s'attache à quelques amis fidèles, qui lui donnent la force d'affronter la réalité. Sa mère, Marie de Médicis, est nommée régente.

À seize ans, en 1617, il prend la décision d'éliminer Concino Concini, conseiller de Marie de Médicis qui, avec sa femme, Leonora Galigaï, a pris l'ascendant sur la régente. Les conseillers du roi défunt ont dû démissionner, comme Sully en 1611.

La situation politique est confuse. Avec la disparition d'Henri IV, ceux qui avaient dû plier devant le roi cherchent à influencer le pouvoir central : les protestants craignent que les catholiques ne remettent en cause la situation acquise ; les grands et les princes rejettent l'autorité de la régente.

Un prince indécis

Durant sept années, de 1617 à 1624, le roi, mal entouré par des grands plus courtisans que compétents, voit les positions de la France s'affaiblir. La montée en puissance de la maison d'Autriche dans les pays allemands constitue une menace supplémentaire

Henri IV		**Louis XIII le Juste**		Louis XIV le Grand	
▶ 1591 *La Ligue : terreur à Paris*	▶ 1606 *Naissance de Pierre Corneille*	▶ 1610-1614 *Marie de Médicis est régente*	▶ 1631 *T. Renaudot fonde la Gazette, le premier journal*	▶ 1643 *Anne d'Autriche est régente*	▶ 1685 *Naissance de Voltaire*
▶ 1598 *Publication de l'édit de Nantes*	▶ 1610 *Henri IV assassiné par Ravaillac*	▶ 1622 *Naissance de Molière*	▶ 1653 *Fondation de l'Académie française*	▶ 1665 *La Fontaine publie ses Contes*	▶ 1712 *Naissance de Rousseau*
		▶ 1623 *Naissance de Blaise Pascal*		▶ 1685 *Révocation de l'édit de Nantes*	▶ 1713 *Naissance de Diderot*

pour le royaume. Lors d'une nouvelle guerre de Religion, l'armée royale réussit difficilement à s'imposer. Toutefois, un traité signé à Montpellier reconduit les dispositions de l'édit de Nantes, à l'exception du nombre des places fortes protestantes, qu'il réduit au nombre de trois : La Rochelle, Montauban et Montpellier (1622).

Richelieu et le pouvoir royal

En 1624, le roi se résout à appeler au ministère le cardinal de Richelieu, le principal conseiller de sa mère, avec laquelle il vient de se réconcilier. Si, en 1617, il l'avait chassé du pouvoir comme il l'avait fait de tous les conseillers de la régente, Louis XIII s'était aperçu qu'il tenait en ce noble d'origine poitevine âgé de quarante ans un ministre d'exception. Évêque à vingt et un an, Richelieu est un homme de grande culture, ainsi qu'un théologien de haut rang. Profondément catholique, il n'en est pas moins habité par le destin du royaume de France. Avec Richelieu, Louis XIII trouve un ministre qui n'aura pas de cesse qu'il n'ait renforcé son pouvoir à l'intérieur comme à l'extérieur.

Claude Gellée, dit le Lorrain. Le Siège de La Rochelle par Louis XIII. *Le siège de la place forte protestante dura du 10 août 1627 au 28 octobre 1628.*

Philippe de Champaigne. Le Cardinal de Richelieu. *L'homme le plus important du règne de Louis XIII fut son ministre, le cardinal de Richelieu (1585-1642).*

Une politique intérieure inflexible

Richelieu, soutenu par le roi, s'attache à réduire les oppositions : celle du parti protestant et celle des princes et des grands. Ces derniers multiplient les complots et les conjurations. Richelieu les déjoue : les nobles qui y participent le paient de leur vie, à l'exception de Gaston d'Orléans, frère du roi, qui les incite à la rébellion. Richelieu veut domestiquer toute la noblesse : il interdit les duels et fait raser toutes les fortifications des châteaux. Puis il s'attaque aux protestants. Comme dans le cas de la noblesse, il veut enlever au parti huguenot

Louis XV le Bien-Aimé	Louis XVI	Louis XVII
▶ **1715-1723** *Philippe d'Orléans est régent* ▶ **1716** *Fondation de la « banque générale » de Law ; premiers « billets de banque »* ▶ **1730** *Essor de la philosophie des Lumières* ▶ **1751** *Parution de l'Encyclopédie*	▶ **1776** *Premier bateau à vapeur (inventé par Jouffroy)* ▶ **1779** *Le servage est supprimé dans les domaines royaux* ▶ **1789** *Prise de la Bastille (14 juillet). Déclaration des droits de l'homme. Saisie des biens du clergé*	▶ **1793** *Création de l'armée révolutionnaire. Instruction publique gratuite et obligatoire* ▶ **1793** *Procès et exécution de Marie-Antoinette* ▶ **1794** *Le français langue obligatoire des actes officiels* ▶ **1795** *Les royalistes écrasés par Bonaparte. Mise en place du Directoire*

La place royale et le carrousel de 1612. Pour fêter les fiançailles de Louis XIII et d'Anne d'Autriche, infante d'Espagne, on fit un grand carrousel : un jeu équestre où des cavaliers divisés en quadrilles se livraient à des démonstrations et à des évolutions.

ses places fortes. Il n'est pas question de laisser se constituer un État dans l'État. D'autant que la question religieuse a des prolongements sur le plan diplomatique. Les protestants trouvent dans l'Angleterre une alliée riche et puissante. La tentative de sécession des provinces de l'Aunis et de la Saintonge, s'appuyant sur le port fortifié de La Rochelle, débouche sur une nouvelle guerre civile (1627-1629). La grâce d'Alès rétablit les mesures comprises dans l'édit de Nantes concernant la liberté de culte, mais prévoit le démantèlement des places de sûreté.

La journée des Dupes (10 novembre 1630)

En 1630, Louis XIII est l'acteur central d'une des journées les plus palpitantes de l'histoire de France. Le mode de gouvernement intransigeant de Richelieu a nourri de profondes rancœurs parmi la noblesse. L'épouse du roi, Anne d'Autriche, et Marie de Médicis, unies dans une même hostilité envers le principal ministre, profitent de la grave maladie du roi pour intriguer auprès du souverain et tenter de lui arracher l'éloignement de Richelieu.

Le 16 novembre, la reine mère croit l'heure arrivée de dicter sa volonté à son fils. Mais Richelieu accepte le combat et défend sa cause devant Louis XIII, qui le conforte dans sa fonction. La reine mère est exilée, les grands qui l'avaient épaulée sont soit chassés, soit jetés en prison, l'un d'entre eux est même décapité (le maréchal de Marillac). Ces sanctions attisent l'esprit de révolte des grands, qui se soulèvent en 1632 et en 1636, mais sont écrasés par l'armée royale.

Profiter de la guerre de Trente Ans

Pendant tout son règne, Louis XIII est occupé par les affaires d'Allemagne, où se déroule la fameuse guerre de Trente Ans (1618-1648), une atroce guerre civile opposant les princes protestants, soutenus par le roi de Suède, Gustave Adolphe, aux troupes catholiques de l'empereur d'Autriche, appuyé par l'Espagne. L'objectif de Richelieu est de s'engager le moins possible militairement tout en soutenant financièrement et diplomatiquement les princes

Lui et Nous

Le roi des Trois Mousquetaires

Le règne de Louis XIII a laissé aux Parisiens des bâtiments en pierre et en brique d'une beauté simple et majestueuse : ceux de la place Dauphine ou de la place des Vosges, par exemple. Mais les Français ont une connaissance intime – pas toujours exacte, mais tellement pleine de panache – de son règne grâce aux exploits des *Trois Mousquetaires*. Sans le talent d'Alexandre Dumas, nous ne saurions que peu de choses du règne de Louis le Juste et de son fidèle « homme en rouge ». D'Artagnan, le mousquetaire du roi, affrontant les spadassins du cardinal est une vision romanesque et romantique d'un moment clef de l'histoire de France.

Duel entre seigneurs à la place des Vosges.

Henri IV		**Louis XIII le Juste**		Louis XIV le Grand	
▶ 1591 *La Ligue : terreur à Paris*	▶ 1606 *Naissance de Pierre Corneille*	▶ 1610-1614 *Marie de Médicis est régente*	▶ 1631 *T. Renaudot fonde la Gazette, le premier journal*	▶ 1643 *Anne d'Autriche est régente*	▶ 1685 *Naissance de Voltaire*
▶ 1598 *Publication de l'édit de Nantes*	▶ 1610 *Henri IV assassiné par Ravaillac*	▶ 1622 *Naissance de Molière*	▶ 1653 *Fondation de l'Académie française*	▶ 1665 *La Fontaine publie ses Contes*	▶ 1712 *Naissance de Rousseau*
		▶ 1623 *Naissance de Blaise Pascal*		▶ 1685 *Révocation de l'édit de Nantes*	▶ 1713 *Naissance de Diderot*

protestants contre l'hégémonie impériale. En 1631, il signe une alliance avec le roi de Suède. En 1635, à la consternation des catholiques, Richelieu pousse le roi à déclarer la guerre à l'Espagne. Après quelques échecs, l'armée française repousse l'ennemi dans le Nord, à Corbie, assiège Arras (juin-août 1640), puis s'empare de la place fortifiée de Brisach, sur le Rhin. Un des objectifs de la stratégie d'affermissement des limites du pays sur l'idée de frontières naturelles commence à se faire jour. Il sera suivi par la conquête du Roussillon.

Temps d'innovations

Richelieu et Louis XIII n'ont pas de cesse qu'ils n'aient renforcé la puissance du pays. Ils redonnent de l'élan à la conquête de terres nouvelles au Canada (Champlain consolide un établissement français le long du fleuve Saint-Laurent) et dans les Antilles.
Richelieu, homme d'affaires très avisé, qui se bâtit une énorme fortune, encourage la création de compagnies de commerce. Il développe la marine et établit un comptoir commercial en Afrique occidentale.
Sur le plan intellectuel, il crée l'Académie française en 1634 afin de donner à la langue française « une rhétorique et une poétique ». La France classique connaît à cette époque un premier âge d'or avec l'éclosion des talents du dramaturge Pierre Corneille et du philosophe et mathématicien René Descartes.

Une fin rapide

Louis XIII et son principal ministre disparaissent à six mois d'intervalle. Richelieu meurt en 1642, après avoir réprimé une nouvelle tentative de coup d'État fomentée par de jeunes nobles, Cinq-Mars et de Thou, qui sont exécutés. La disparition du cardinal est accueillie avec joie dans l'aristocratie, mais ne change pas les dispositions du roi. Il se méfie toujours des grands, et limite les pouvoirs attribués à la régente quelques jours avant sa mort, le 14 mai 1643, à Paris, terrassé par la tuberculose à l'âge de quarante-deux ans seulement.

Marie de Médicis

Pierre-Paul Rubens. Marie de Médicis, (1573-1642), fille du grand-duc de Toscane François II de Médicis et épouse d'Henri IV. *Musée du Prado, Madrid.*

La reine Marie de Médicis arrive dans son nouveau royaume le 3 novembre 1600 pour épouser Henri IV, qui vient de divorcer de la reine Margot. C'est une jeune princesse à la silhouette un peu lourde – comme les beautés bien en chair de l'époque –, mais surtout aux traits peu gracieux. Entrée dans le lit du Vert-Galant en décembre 1600, elle lui donne un fils dix mois plus tard. Croyante et superstitieuse – elle s'entoure d'astrologues –, elle fait venir à la cour de nombreux Florentins, dont le couple formé par Leonora Galigaï et son mari, Concino Concini, qu'elle fait maréchal de France et marquis d'Ancre. Ce couple exerce une grande autorité sur elle et, en 1610, ils font office de véritables régents, tant la reine se repose sur eux. Personnages peu sympathiques, ils suscitent la jalousie de nombreuses personnes à la cour, qui poussent à leur élimination. En ordonnant l'arrestation des Concini, le roi s'émancipe de sa mère, avec laquelle il entretient des relations difficiles. À plusieurs reprises, ils s'opposent vivement sur la conduite à tenir. Ils auront, chacun à leur tour, le mérite d'avoir reconnu les qualités de Richelieu, qui doit autant à l'une qu'à l'autre son exceptionnelle ascension. Après l'affaire de la journée des Dupes, Marie de Médicis est exilée jusqu'à sa mort, en 1642.

Louis XV le Bien-Aimé		Louis XVI		Louis XVII	
1715-1723 *[Ph]ilippe d'Orléans est régent* ▸ **1716** *Fondation de la « banque générale » de Law ; premiers « billets de banque »*	▸ **1730** *Essor de la philosophie des Lumières* ▸ **1751** *Parution de l'Encyclopédie*	▸ **1776** *Premier bateau à vapeur (inventé par Jouffroy)* ▸ **1779** *Le servage est supprimé dans les domaines royaux*	▸ **1789** *Prise de la Bastille (14 juillet). Déclaration des droits de l'homme. Saisie des biens du clergé*	▸ **1793** *Création de l'armée révolutionnaire. Instruction publique gratuite et obligatoire* ▸ **1793** *Procès et exécution de Marie-Antoinette*	▸ **1794** *Le français langue obligatoire des actes officiels* ▸ **1795** *Les royalistes écrasés par Bonaparte. Mise en place du Directoire*

Louis XIV le Grand

Au cours du règne le plus long de son histoire — soixante-douze années —, la France atteint le premier rang des puissances européennes. Louis XIV imprime sa marque à la société française avec une telle force que le XVIIe siècle est considéré comme « son siècle ». Commencé dans les troubles de la Fronde, son règne, après une période fastueuse et conquérante (1662-1690), s'achève dans une atmosphère de crise et de défaites. Sa mort, en 1715, est accueillie avec soulagement, tant le Roi-Soleil avait épuisé ses sujets.

Charles Le Brun. Louis XIV le Grand *(1638-1715). Musée du château de Versailles.*

Une longue adolescence

Attendue pendant plus de quinze ans par ses parents et le royaume, la naissance du Dauphin, le 5 septembre 1638 à Saint-Germain-en-Laye, est accueillie comme un miracle, un don de Dieu au pays. Lorsque son père, le roi Louis XIII, meurt, Louis-Dieudonné n'a pas cinq ans. Sa mère, Anne d'Autriche, prend la régence et gouverne avec l'aide du cardinal Mazarin. Louis reçoit une éducation complète autant dans les humanités que dans les arts. Mais, surtout, son parrain Mazarin l'initie aux « affaires », à la politique. Sa mère, Espagnole très pieuse, lui prodigue un enseignement religieux particulièrement strict. Très attaché à celle-ci, il assiste avec frayeur aux événements de la Fronde, qui voient successivement les parlementaires (1648-1649), puis les princes (1650-1652), en particulier son oncle, Gaston d'Orléans, menacer la reine, ainsi que le cardinal Mazarin. Jusqu'à l'âge de vingt-trois ans, il est le spectateur de troubles intérieurs qui menacent l'unité du royaume jusqu'à risquer de causer sa perte : le prince de Condé, à la tête de troupes espagnoles, assiège même Paris, en 1652, avant d'être repoussé par le fidèle Turenne. Louis en tire plusieurs leçons : il se doit de contrôler les « grands » afin qu'ils

Henri IV	Louis XIII le Juste	**Louis XIV le Grand**
▶ 1591 *La Ligue : terreur à Paris* ▶ 1598 *Publication de l'édit de Nantes* ▶ 1606 *Naissance de Pierre Corneille* ▶ 1610 *Henri IV assassiné par Ravaillac*	▶ 1610-1614 *Marie de Médicis est régente* ▶ 1622 *Naissance de Molière* ▶ 1623 *Naissance de Blaise Pascal* ▶ 1631 *T. Renaudot fonde la Gazette, le premier journal* ▶ 1653 *Fondation de l'Académie française*	▶ 1643 *Anne d'Autriche est régente* ▶ 1665 *La Fontaine publie ses Contes* ▶ 1685 *Révocation de l'édit de Nantes* ▶ 1685 *Naissance de Voltaire* ▶ 1712 *Naissance de Rousseau* ▶ 1713 *Naissance de Diderot*

cessent de nourrir le rêve de s'emparer du pouvoir ; le calme et l'ordre ne seront rétablis que si la France domine l'Europe de toute sa gloire, celle de son roi et de ses armées.

La prise du pouvoir

En trois étapes, le jeune souverain devient l'acteur privilégié de son règne. En 1659, en application du traité des Pyrénées qui met fin à la guerre avec l'Espagne, il est promis à une infante espagnole, la princesse Marie-Thérèse d'Autriche, fille du roi d'Espagne. Il connaît alors un premier drame de cœur : follement amoureux d'une nièce de Mazarin, Marie Mancini, il doit sacrifier sa passion à la raison d'État. Un an plus tard, il épouse Marie-Thérèse.
Le 9 mars 1661, Mazarin meurt. Le lendemain, devant les ministres, Louis tient ce langage ferme et définitif : « Jusqu'à présent, j'ai bien voulu laisser gouverner mes affaires par feu monsieur le cardinal ; il est temps que je les gouverne moi-même. Vous m'aiderez de vos conseils quand je vous les demanderai. »

Les débuts prometteurs du Grand Siècle

Louis XIV renforce les frontières du pays, plus particulièrement au nord et à l'est. Dès la première guerre qu'il déclare, il montre à toute l'Europe la nature de ses ambitions. En 1665, à la mort du roi d'Espagne, père de Marie-Thérèse, il réclame une part de l'héritage : les Pays-Bas. Deux ans plus tard, en 1667, comme l'Espagne n'a pas répondu à ses exigences, il lance Turenne contre la Flandre, puis l'année suivante contre la Franche-Comté. L'Europe se mobilise contre ce coup de force et, lors de la signature du traité d'Aix-la-Chapelle, qui met fin à la guerre de Dévolution, il est contraint de rendre la province.
En 1672, Louis XIV lance cette fois ses armées contre la « nation de boutiquiers » que sont les Provinces-Unies, tolérantes et riches, pays plus communément appelé Hollande, du nom de la plus importante de ces provinces protestantes très attachées à leur indépendance.

Ph. de Champaigne. Mère Angélique Arnauld, abbesse de Port-Royal. *À l'arrière-plan, Port-Royal-des-Champs. Louis XIV combattit le jansénisme, une doctrine religieuse reposant sur une nouvelle interprétation des textes de saint Augustin, élaborée par Jansénius et adoptée par quelques grands intellectuels du temps, dont Pascal. Les religieuses de Port-Royal à Paris, qui l'adoptèrent aussi, furent reléguées à Port-Royal-des-Champs.*

Le conflit dure six ans et s'achève par la conquête de Cambrai, de Valenciennes et de la Franche-Comté. Poursuivant une politique offensive qui rencontre de nouveaux succès, Louis XIV organise un service de généalogistes, de spécialistes des droits féodaux et de cartographes chargés de trouver des arguments pour justifier ses revendications. En application de cette stratégie dite « de réunion », il décide l'annexion de Strasbourg en 1681.
Le Roi-Soleil semble invincible.

Louis XV le Bien-Aimé		Louis XVI		Louis XVII	
▶ **1715-1723** *Philippe d'Orléans est régent* ▶ **1716** *Fondation de la « banque générale » de Law ; premiers « billets de banque »*	▶ **1730** *Essor de la philosophie des Lumières* ▶ **1751** *Parution de l'Encyclopédie*	▶ **1776** *Premier bateau à vapeur (inventé par Jouffroy)* ▶ **1779** *Le servage est supprimé dans les domaines royaux*	▶ **1789** *Prise de la Bastille (14 juillet). Déclaration des droits de l'homme. Saisie des biens du clergé*	▶ **1793** *Création de l'armée révolutionnaire. Instruction publique gratuite et obligatoire* ▶ **1793** *Procès et exécution de Marie-Antoinette*	▶ **1794** *Le français langue obligatoire des actes officiels* ▶ **1795** *Les royalistes écrasés par Bonaparte. Mise en place du Directoire*

La belle marquise de Montespan, favorite officielle de Louis XIV de 1667 à 1679, donna quatre enfants au Roi-Soleil.

Le renforcement du royaume

Vainqueur sur les frontières, Louis XIV décide de faire construire un vaste ensemble de fortifications sur toutes les façades du pays, maritimes ou terrestres. Vauban est chargé de multiplier les projets et de suivre les travaux : des îles comme Belle-Île, des villes de montagne comme Briançon, dans les Alpes, des villes frontières comme Neuf-Brisach portent encore l'empreinte de ses réalisations. Colbert crée une marine puissante et développe l'activité économique en fondant plusieurs manufactures. Louvois organise une armée nombreuse et efficace. Le royaume fermement défendu, progressivement étendu, les nobles attachés et emprisonnés dans le respect d'une étiquette centrée sur la personne du roi, presque divinisée, Louis XIV est tout-puissant et confiant.

Affaire de mœurs et « conversion »

Mais une affaire ébranle le Roi-Soleil : l'affaire des Poisons. Ce fait divers mêlant tentatives d'empoisonnements et organisation de messes noires éclabousse la cour et plus particulièrement la maîtresse du roi, Mme de Montespan. Après quatre années d'enquête, en 1676, la marquise de Brinvilliers, accusée d'avoir tué des membres de sa famille et organisé un trafic de drogues et de poisons, est exécutée.
En 1680, la Voisin, vendeuse de philtres à des dames de la haute société, est condamnée à son tour.
Mme de Montespan est mise en cause. Cette affaire atteint la confiance du roi envers cette cour qu'il pensait dominer et dont il se lasse. Avec la pieuse Mme de Maintenon, d'abord éducatrice de ses nombreux enfants illégitimes, puis sa maîtresse avant de devenir son épouse morganatique, c'est-à-dire secrète, Louis retrouve le chemin de la dévotion et les principes que sa mère lui inculquait.

La révocation de l'édit de Nantes

Incité par sa nouvelle épouse (Marie-Thérèse est morte en 1683) au rigorisme catholique, le roi subit pour la première fois l'influence politique d'une femme. Les troubles religieux ont repris dès 1679 en raison de la décision prise par Louis XIV d'imposer des conversions forcées aux protestants. L'armée est chargée d'occuper les hauts lieux du protestantisme, en particulier dans les Cévennes, en Languedoc, dans le Poitou. La conversion se heurte au refus des huguenots et les actions s'achèvent dans les vexations, massacres et autres dragonnades (obligation d'héberger les dragons du roi).
Mais ces menaces n'ont pas l'effet prévu. Les protestants ne veulent pas abjurer leur foi : ils préfèrent le plus souvent l'exil et la résistance à la soumission.

Henri IV		Louis XIII le Juste		**Louis XIV le Grand**	
▶ 1591 *La Ligue : terreur à Paris*	▶ 1606 *Naissance de Pierre Corneille*	▶ 1610-1614 *Marie de Médicis est régente*	▶ 1631 *T. Renaudot fonde la Gazette, le premier journal*	▶ 1643 *Anne d'Autriche est régente*	▶ 1685 *Naissance de Voltaire*
▶ 1598 *Publication de l'édit de Nantes*	▶ 1610 *Henri IV assassiné par Ravaillac*	▶ 1622 *Naissance de Molière*	▶ 1653 *Fondation de l'Académie française*	▶ 1665 *La Fontaine publie ses Contes*	▶ 1712 *Naissance de Rousseau*
		▶ 1623 *Naissance de Blaise Pascal*		▶ 1685 *Révocation de l'édit de Nantes*	▶ 1713 *Naissance de Diderot*

En 1685, le roi, conscient de l'impossibilité d'éradiquer l'hérésie, décide d'abandonner l'œuvre de son grand-père.
La révocation de l'édit de Nantes fait des protestants des hors-la-loi.
Par dizaines de milliers, ils prennent les chemins de l'exil, vers les Provinces-Unies, le Brandebourg, la Suisse et surtout Berlin.
D'autres traversent les mers, comme ceux qui s'installent dans la province du Cap, dans la future Afrique du Sud. La France perd des artisans de grande valeur, notamment dans le domaine du textile.

S. Le Conte. La Prise de Mons par Louis XIV, *le 9 avril 1691 (détail). Tableau conservé au château de Versailles.*

L'âge d'or de la civilisation française

J. A. D. Ingres. Louis XIV, roi de France et de Navarre, et Molière.

Louis XIV avait un sens inné du monumental et du beau. Le style classique développé en France sous son règne par des architectes et décorateurs tels que François et Jules Hardouin-Mansart, Le Vau et Le Nôtre s'est profondément distingué du baroque en vigueur ailleurs en Europe. Recourant avec talent aux acquis de l'art grec, ces artistes ont construit des ouvrages où le respect des règles s'est adapté aux exigences de munificence de leur commanditaire. Le château de Versailles en est l'exemple le plus frappant, mais les extraordinaires ensembles d'hôtels particuliers édifiés à Paris et dans les principales villes du pays témoignent encore d'un art de vivre exceptionnel de la noblesse, qu'elle soit de robe ou d'épée. Hautes fenêtres, pilastres discrets, moulures délicatement travaillées, tout cela a concouru à développer un « style français », qui, à partir de 1680, a conquis l'Europe. Danseur et comédien à ses heures, Louis XIV aime les spectacles. Il subventionne personnellement une compagnie de théâtre. Le tragédien Jean Racine et le comédien et auteur satirique Molière, de son vrai nom Jean-Baptiste Poquelin, ont su se plier aux canons du théâtre classique (la règle des trois unités : de temps, de lieu et d'action) pour décrire les passions ou dénoncer les travers des hommes. Le librettiste et musicien Lully est le grand ordonnateur des fêtes de Versailles.

Le temps des crises (1685-1715)

L'intransigeance et le refus de négocier qui ont présidé au traitement de l'affaire protestante ont abouti à l'appauvrissement du pays.
En reproduisant ce comportement dans les relations internationales, Louis XIV mobilise contre lui toute l'Europe, tant catholique (l'Espagne, l'Empire, le pape, les États italiens et la Savoie) que protestante — les Provinces-Unies, les princes allemands et l'Angleterre (qui a chassé une seconde fois ses rois Stuarts catholiques, en 1688). La guerre de la Ligue d'Augsbourg (1688-1697) s'achève par le traité de Ryswick, par lequel la France est contrainte d'abandonner toutes ses conquêtes depuis 1679, à l'exception de Strasbourg. La France est affaiblie par la crise économique, par les disettes chroniques provoquées par de très mauvaises récoltes qui débouchent sur des famines (1684, 1687, 1693, 1709), par des révoltes, dont celle des camisards cévenols (1702-1704).

Louis XV le Bien-Aimé		Louis XVI		Louis XVII	
▶ 1715-1723 *Philippe d'Orléans est régent* ▶ 1716 *Fondation de la « banque générale » de Law ; premiers « billets de banque »*	▶ 1730 *Essor de la philosophie des Lumières* ▶ 1751 *Parution de l'Encyclopédie*	▶ 1776 *Premier bateau à vapeur (inventé par Jouffroy)* ▶ 1779 *Le servage est supprimé dans les domaines royaux*	▶ 1789 *Prise de la Bastille (14 juillet). Déclaration des droits de l'homme. Saisie des biens du clergé*	▶ 1793 *Création de l'armée révolutionnaire. Instruction publique gratuite et obligatoire* ▶ 1793 *Procès et exécution de Marie-Antoinette*	▶ 1794 *Le français langue obligatoire des actes officiels* ▶ 1795 *Les royalistes écrasés par Bonaparte. Mise en place du Directoire*

Le roi est accablé par la maladie et de nombreux deuils familiaux : son fils, le Grand Dauphin, meurt en 1711, puis son petit-fils, le duc de Bourgogne, en 1712 et, la même année, son arrière-petit-fils aîné. L'héritier de la Couronne devient, contrairement aux traditions, son arrière-petit-fils cadet, le futur Louis XV. Le Roi-Soleil s'est empêtré dans une nouvelle guerre, celle de la succession d'Espagne, qui va durer treize ans, de 1701 à 1714. Les traités d'Utrecht et de Rastatt mettent fin au rêve de faire un seul bloc de la France et de l'Espagne et installent l'Autriche, grande bénéficiaire du conflit, aux frontières septentrionales du pays. Le roi meurt le 1er septembre 1715 de la gangrène, après un règne de soixante-douze ans, dont cinquante-quatre de pouvoir absolu.

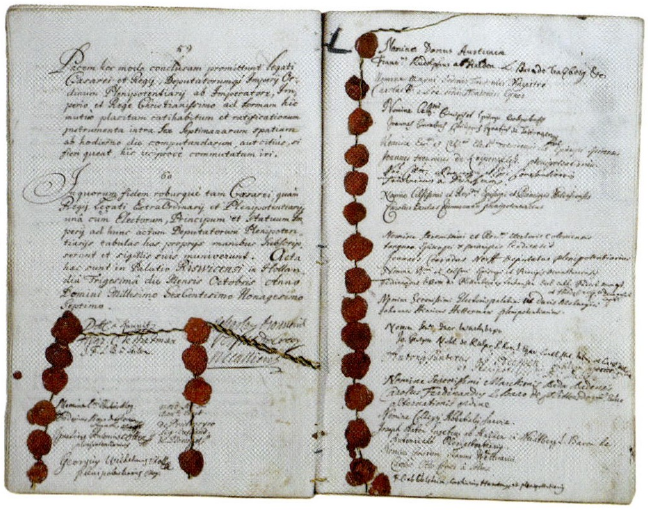

Le traité de paix signé le 30 octobre 1697 entre Louis XIV et l'empereur Léopold Ier, dit traité de Ryswick, qui mit fin à la guerre de la ligue d'Augsbourg.

Lui et Nous

Versailles

Le plus grand palais royal d'Europe était à l'origine un simple pavillon de chasse utilisé et agrandi par Louis XIII, qui aimait chasser dans les forêts alentour. Le roi, qui déteste habiter Paris, et qui se sent à l'étroit à Saint-Germain-en-Laye, choisit, par piété filiale, le modeste pavillon en brique rouge pour y construire le palais de ses rêves, véritable hommage à sa gloire, à la grandeur de l'État et à la beauté des arts. Il n'impose qu'une seule contrainte à l'architecte Le Vau : garder le pavillon paternel. Celui-ci décide d'envelopper le château, du côté des jardins, de deux vastes pavillons reliés par une terrasse à l'italienne.
Les travaux commencent dès 1663. Puis, en 1678, il charge Jules Hardouin-Mansart d'ajouter deux autres ailes et de recouvrir la terrasse par la célèbre galerie des Glaces. Les travaux vont durer dix ans de plus. Pendant près de vingt-cinq ans, plus de 20 000 maçons travaillent chaque jour sur le chantier, qui comprend également le château du Trianon et deux grands parcs où les fontaines et les canaux offrent un spectacle aquatique parfaitement maîtrisé. L'ensemble est clos par un mur mesurant 42 km de long! Le roi, le gouvernement et la cour s'installent à Versailles dès 1672.

Vue en perspective du château et des jardins de Versailles depuis le bassin de Neptune, tels qu'ils étaient en 1696.

Henri IV		Louis XIII le Juste		**Louis XIV le Grand**	
▶ 1591 *La Ligue : terreur à Paris*	▶ 1606 *Naissance de Pierre Corneille*	▶ 1610-1614 *Marie de Médicis est régente*	▶ 1631 *T. Renaudot fonde la Gazette, le premier journal*	▶ 1643 *Anne d'Autriche est régente*	▶ 1685 *Naissance de Voltaire*
▶ 1598 *Publication de l'édit de Nantes*	▶ 1610 *Henri IV assassiné par Ravaillac*	▶ 1622 *Naissance de Molière*	▶ 1653 *Fondation de l'Académie française*	▶ 1665 *La Fontaine publie ses Contes*	▶ 1712 *Naissance de Rousseau*
		▶ 1623 *Naissance de Blaise Pascal*		▶ 1685 *Révocation de l'édit de Nantes*	▶ 1713 *Naissance de Diderot*

Anne d'Autriche

Anne d'Autriche entre dans l'histoire de France par son mariage avec Louis XIII, le 25 novembre 1615. Le roi de France n'est pas du tout attiré par cette jeune femme aux traits fins mais au visage banal, profondément pieuse mais coquette. Il lui préfère de loin les amitiés masculines, la chasse et la solitude. Il répugne à accomplir ses devoirs conjugaux, au grand désespoir de ses conseillers, Richelieu en tête, et de son épouse. Plusieurs fausses couches retardent encore la venue d'un héritier.
De son côté, la reine domine la cour par son entregent, son goût pour la conversation, son envie de séduire et parfois d'être séduite. Délaissée par son royal mari, elle se laisse entraîner dans des relations, réputées platoniques, avec le fameux duc de Buckingham ou le duc de Montmorency. Ce comportement nourrit la défiance de Louis XIII et celle de Richelieu, qui s'inquiète de la propension de la reine à entrer dans des combinaisons diplomatiques dirigées contre sa politique.
Mais lors de sa grossesse de 1638, la reine devient le centre de toutes les attentions : dès février, le royaume est dédié à la Vierge en action de grâces, puis Louis XIII formule un vœu : si l'enfant est un mâle (ce qui sera le cas), une procession sera organisée tous les 15 août.
Malgré ce regain de confiance entre les époux, Louis XIII, à l'article de la mort, fait tout pour limiter les pouvoirs de la future régente. Mais celle-ci ne s'en satisfait pas. Quelques jours après la mort du roi, elle s'installe au Louvre et, aidée du cardinal Mazarin, obtient les pleins pouvoirs. L'épouse humiliée se transforme en reine mère triomphante.
Adorée par son fils Louis, Anne d'Autriche noue avec le cardinal Mazarin une amitié étroite, qui, semble-t-il, a dû se transformer en une relation amoureuse vers 1653, lorsque le cardinal est revenu d'exil après trois ans d'absence.
Sur le plan politique, leur alliance fut un bonheur pour la conservation du pays. Anne d'Autriche est morte le 20 janvier 1666 à Paris, au désespoir de ses deux fils. Louis XIV a salué sa mère en déclarant qu'elle avait été une « grande reine ».

Portrait d'Anne d'Autriche (1601-1666) et de son fils Louis, dauphin de France. Château de Versailles.

Louis XV le Bien-Aimé		Louis XVI		Louis XVII	
▶ 1715-1723 *Philippe d'Orléans est régent* ▶ 1716 *Fondation de la « banque générale » de Law ; premiers « billets de banque »*	▶ 1730 *Essor de la philosophie des Lumières* ▶ 1751 *Parution de l'Encyclopédie*	▶ 1776 *Premier bateau à vapeur (inventé par Jouffroy)* ▶ 1779 *Le servage est supprimé dans les domaines royaux*	▶ 1789 *Prise de la Bastille (14 juillet). Déclaration des droits de l'homme. Saisie des biens du clergé*	▶ 1793 *Création de l'armée révolutionnaire. Instruction publique gratuite et obligatoire* ▶ 1793 *Procès et exécution de Marie-Antoinette*	▶ 1794 *Le français langue obligatoire des actes officiels* ▶ 1795 *Les royalistes écrasés par Bonaparte. Mise en place du Directoire*

Louis XV le Bien-Aimé

Le deuxième plus long règne de l'histoire de notre pays — cinquante-neuf ans — correspond au plus haut niveau de rayonnement culturel jamais atteint par la France. C'est le temps de Montesquieu, de Voltaire, de Rousseau et de l'*Encyclopédie*. Toutefois, le charme et la beauté de Louis le Bien-Aimé n'ont pas résisté à l'usure du temps. Malgré la présence de ministres compétents, la souveraineté royale est l'objet de critiques.

Quentin de La Tour. Portrait de Louis XV *(1710-1774). Pastel conservé au musée Antoine-Lecuyer, Saint-Quentin.*

Un jeune roi

Lorsque le jeune roi, né en 1710 à Versailles, devient majeur, en février 1723, quelques mois après avoir été sacré à Reims, il ne prend pas immédiatement les rênes du royaume, laissant le pouvoir au Régent, Philippe d'Orléans, puis au duc de Bourbon. L'arrière-petit-fils de Louis XIV avait été pourtant à bonne école : Dauphin officiel depuis 1713, il a reçu une excellente éducation de la part du maréchal de Villeroy et du futur cardinal Fleury. Il fait de ce dernier son principal ministre en 1725, après l'intermède peu glorieux du duc de Bourbon, dont le seul acte d'importance est d'avoir marié le roi à la fille du roi déchu de Pologne, Marie Leszczynska, une princesse sans biens et de huit ans plus âgée que lui : il en avait quinze, elle vingt-trois.

Le Bien-Aimé

Beau et bien fait de sa personne, le roi est un timide, capable toutefois d'accès de violences. Vivant dans le souvenir du grand roi qui l'a précédé, une de ses premières décisions est de réinstaller la cour à Versailles, en 1722. Louis XV préfère être près des forêts d'Île-de-France qu'à Paris, car il voue une grande passion à la chasse à courre ; sa seconde passion, tout aussi dévorante, est celle qu'il porte aux femmes.
À partir de 1733, désormais insatisfait de sa relation avec la reine qui lui aura donné dix enfants de 1727 à 1737, dont huit filles, Louis XV collectionne les maîtresses : certaines officielles, dont les plus célèbres sont la marquise de Pompadour (de 1745 à 1764) puis Mme du Barry (de 1768 à 1774), et d'autres qui le sont moins, pour une nuit ou pour un mois, dans le secret d'un pavillon de chasse. Ces mœurs dépravées donneront lieu à des rumeurs qui achèveront de ruiner la popularité dont le roi jouissait au début de son règne.

Henri IV		Louis XIII le Juste		Louis XIV le Grand	
▶ 1591 *La Ligue : terreur à Paris*	▶ 1606 *Naissance de Pierre Corneille*	▶ 1610-1614 *Marie de Médicis est régente*	▶ 1631 *T. Renaudot fonde la Gazette, le premier journal*	▶ 1643 *Anne d'Autriche est régente*	▶ 1685 *Naissance de Voltaire*
▶ 1598 *Publication de l'édit de Nantes*	▶ 1610 *Henri IV assassiné par Ravaillac*	▶ 1622 *Naissance de Molière*	▶ 1653 *Fondation de l'Académie française*	▶ 1665 *La Fontaine publie ses Contes*	▶ 1712 *Naissance de Rousseau*
		▶ 1623 *Naissance de Blaise Pascal*		▶ 1685 *Révocation de l'édit de Nantes*	▶ 1713 *Naissance de Diderot*

Le conseil de régence pendant la minorité de Louis XV, présidé par Philippe d'Orléans.

La tutelle du cardinal Fleury

De 1725 à 1743, année de la mort du cardinal Fleury, Louis XV, tout en participant aux différents conseils, se laisse guider par la politique prudente de son principal ministre. Durant ces dix-huit années, le roi est confronté à trois problèmes qui se poseront encore à partir de 1745 lorsqu'il voudra prendre lui-même les rênes du gouvernement : l'opposition systématique des parlements, la recherche de nouveaux impôts et le choix d'une alliance diplomatique.

En 1717, le Régent avait redonné au parlement le droit de remontrance que Louis XIV lui avait retiré en 1672. Désormais le roi ne pouvait faire passer une loi sans que le parlement l'autorise. En cas de désaccord, le roi devait tenir un « lit de justice », c'est-à-dire se rendre au parlement pour lui intimer l'ordre de suivre sa décision. Le parlement s'opposa ainsi à la condamnation royale

La marquise de Pompadour

Si Marie Leszczynska fut l'épouse légitime du roi, la véritable femme de cœur de Louis XV est une femme issue de la bourgeoisie avec laquelle il partage une relation passionnée de 1745 à 1750. Ensuite, et jusqu'à sa mort en 1764, la Pompadour fait office de reine *bis*. Sans déterminer la politique de l'État, elle a une grande influence dans le choix des hommes, en particulier du ministre Choiseul. Son influence est particulièrement sensible dans le domaine des arts et des lettres. Elle soutient le peintre François Boucher, l'écrivain Crébillon. Elle fait aménager le palais d'Évreux et participe à l'établissement du cahier des charges du Petit Trianon que le roi lui destinait mais qu'elle ne put habiter, étant morte avant la fin des travaux.

Jeanne Poisson, marquise de Pompadour, raffinée amie des arts, fut tolérée par la famille royale mais honnie de la noblesse de cour.

Louis XV le Bien-Aimé		Louis XVI		Louis XVII	
▶ 1715-1723 *Philippe d'Orléans est régent* ▶ 1716 *Fondation de la « banque générale » de Law ; premiers « billets de banque »*	▶ 1730 *Essor de la philosophie des Lumières* ▶ 1751 *Parution de l'Encyclopédie*	▶ 1776 *Premier bateau à vapeur (inventé par Jouffroy)* ▶ 1779 *Le servage est supprimé dans les domaines royaux*	▶ 1789 *Prise de la Bastille (14 juillet). Déclaration des droits de l'homme. Saisie des biens du clergé*	▶ 1793 *Création de l'armée révolutionnaire. Instruction publique gratuite et obligatoire* ▶ 1793 *Procès et exécution de Marie-Antoinette*	▶ 1794 *Le français langue obligatoire des actes officiels* ▶ 1795 *Les royalistes écrasés par Bonaparte. Mise en place du Directoire*

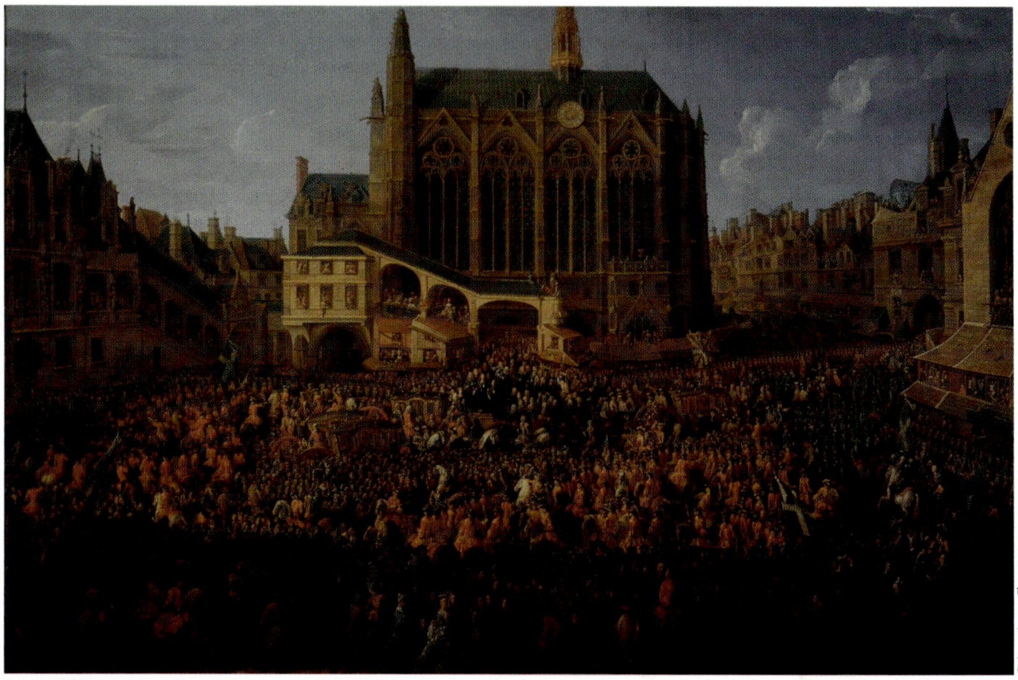

Louis XV sortant du parlement après la tenue du « lit de justice », cour de la Sainte-Chapelle à Paris.

© Jean-Loup Charmet

des tendances jansénistes, un courant catholique qui suivait strictement les enseignements de saint Augustin. Une première crise a lieu en 1732 et se règle après un premier exil du parlement. Fleury attribue aux fermiers généraux la tâche de récolter l'impôt et, avec son ministre Orry, introduit l'impôt du dixième (1733). Enfin, Fleury privilégie l'alliance anglaise aux dépens de l'espagnole ou de l'autrichienne. Il pose les fondements des prochaines annexions de la Corse (convention de Versailles de 1737) et de la Lorraine (reconnaissance de Stanislas Leszczynski comme duc de Lorraine à titre viager, c'est-à-dire revenant à la France à sa mort). Le lendemain de la mort de Fleury, le 30 janvier 1743, Louis XV déclare à ses ministres qu'il a décidé de gouverner en personne.

L'apogée

Durant quelques années, bien que le défaut majeur du souverain — l'esprit d'indécision — ait immédiatement frappé ses contemporains, Louis XV découvre l'amour que lui portent les Français. Les années 1744-1745 constituent l'apogée du règne. À Metz, en août 1744, une grave maladie manque d'emporter le souverain, le pays entier est alors appelé à prier pour lui, d'où son surnom de « Bien-Aimé ». En présence du roi, le vieux maréchal de Saxe remporte la bataille de Fontenoy en mai 1745, contre l'armée britannique (le roi a déclaré la guerre au roi d'Angleterre l'année précédente) ; en septembre, il fait entrer officiellement à la cour sa nouvelle maîtresse, Mme de Pompadour, dont il fera une marquise.

La guerre de Sept Ans (1756-1763)

La seconde partie du règne de Louis XV marque la première phase de la rivalité opposant la France à l'Angleterre et qui ne s'achèvera qu'en 1815, avec la défaite de Napoléon Ier. La guerre suscite des oppositions : un domestique du nom de Damiens tente d'assassiner le roi. Mais les temps ont changé, on ne pleure pas le malheur du Bien-Aimé. Renversant ses alliances, la France choisit la proximité dynastique avec l'Espagne (un Bourbon règne à Madrid) et l'Autriche aux dépens de la Prusse, qui s'allie à l'Angleterre.

L'affaire Calas

En 1761, le calviniste Calas, riche négociant en tissus installé à Toulouse, trouve son fils pendu dans son magasin. Le suicide étant un grave déshonneur, il le dissimule. La calomnie va son train et Calas est bientôt accusé d'avoir lui-même étranglé son fils. Pourquoi ? Pour l'empêcher de se convertir au catholicisme ! L'enquête se déroule en pleine hystérie antiprotestante. Calas est roué, étranglé puis brûlé. En fait, le jeune Marc-Antoine Calas aurait eu une crise de désespoir car il ne pouvait terminer ses études de droit, la licence étant réservée aux catholiques ! Un mouvement d'opinion qui dénonce l'erreur judiciaire se développe, dans lequel Voltaire prend une part prépondérante. Il accueille la veuve Calas et sa famille chez lui, à Ferney, écrit des pamphlets et un *Traité sur la tolérance*, ameute tous ses amis dans et hors la cour, en France et à l'étranger. Le procès est révisé, le jugement cassé : Jean Calas sera réhabilité trois ans après son supplice, en 1765.

Jean Calas reçoit en prison la visite de sa famille. *Gravure du XVIIIe siècle.*

© AKG Paris

Henri IV		Louis XIII le Juste		Louis XIV le Grand	
▶ 1591 *La Ligue : terreur à Paris*	▶ 1606 *Naissance de Pierre Corneille*	▶ 1610-1614 *Marie de Médicis est régente*	▶ 1631 *T. Renaudot fonde la Gazette, le premier journal*	▶ 1643 *Anne d'Autriche est régente*	▶ 1685 *Naissance de Voltaire*
▶ 1598 *Publication de l'édit de Nantes*	▶ 1610 *Henri IV assassiné par Ravaillac*	▶ 1622 *Naissance de Molière*	▶ 1653 *Fondation de l'Académie française*	▶ 1665 *La Fontaine publie ses Contes*	▶ 1712 *Naissance de Rousseau*
		▶ 1623 *Naissance de Blaise Pascal*		▶ 1685 *Révocation de l'édit de Nantes*	▶ 1713 *Naissance de Diderot*

Les rivalités coloniales opposent en outre Versailles à Londres. Outre-mer, les efforts de Montcalm (au Canada) et de Dupleix (aux Indes) sont réduits à néant.
Sur le continent, l'armée française subit la défaite honteuse de Rossbach devant les Prussiens en 1757. Abandonnées par le roi et par l'opinion (Voltaire est hostile à la colonisation du Canada : « La France peut être heureuse sans Québec », dit-il), les conquêtes en Amérique, aux Indes et en Afrique passent sous contrôle anglais en 1763, au traité de Paris. Le territoire français s'agrandit cependant de la Corse, acquise en 1768.

Une fin de règne difficile

Durant les dix dernières années de son règne, Louis XV est un roi déconsidéré en raison de ses mœurs dissolues.
Son indécision empêche certains ministres de faire les réformes indispensables.
En 1771, il ne défend pas le ministre Maupeou qui proposait une réforme des parlements destinée à leur enlever leur pouvoir de nuisance. Mais les réformes autoritaires font passer le roi pour un tyran. En même temps, devant la croissance de la bourgeoisie, la noblesse veut interdire aux roturiers l'entrée dans le corps des officiers de l'armée.
Il en est de même dans le haut clergé.
La réaction nobiliaire suscite des mouvements d'incompréhension.
Quant à l'opinion publique, elle est gagnée par l'esprit des Lumières. Rousseau, Voltaire, Diderot et l'*Encyclopédie* critiquent les institutions et dénoncent l'arbitraire de la justice, notamment au cours de l'affaire Calas, en 1762.

Louis XV meurt de la variole le 17 mai 1774 à Versailles, à l'âge de soixante-quatre ans. Le « Bien-Aimé » est devenu si impopulaire qu'on l'enterrera de nuit !

Philippe d'Orléans

© Château de Versailles, Lauros-Giraudon

Philippe d'Orléans, le Régent, et Louis XV enfant, dans le cabinet du Grand Dauphin à Versailles. Conservé au château de Versailles.

Né le 4 août 1674 au château de Saint-Cloud, Philippe d'Orléans devient régent de France à l'âge de quarante et un ans. Neveu du défunt roi, Philippe est le fils du frère cadet de Louis XIV et de la fameuse princesse Palatine, célèbre à la cour de Versailles pour son franc-parler. Il est également le gendre du Roi-Soleil, puisqu'en 1692 il a épousé une des filles illégitimes que le souverain a eues avec sa maîtresse la marquise de Montespan.
Malgré cette proximité familiale, Philippe d'Orléans ne jouit pas de l'estime de Louis XIV, qui, dans son testament, tout en lui laissant la régence, le fait contrôler par un conseil. Dès la disparition du roi, il obtient cependant du parlement d'exercer sans contrainte la souveraineté royale. Immédiatement, il adopte une politique inverse de celle de son illustre prédécesseur : les vieux ministres de Louis XIV sont chassés, les princes du sang retrouvent le chemin des conseils du pouvoir en entrant dans les conseils (la polysynodie), Paris remplace Versailles comme lieu du pouvoir. Car le règne du Régent signifie aussi le retour à la vie légère, aux fêtes et aux soupers fins, qui succèdent à l'atmosphère triste, prude et austère qui a marqué la fin du règne de Louis XIV.
C'est aussi une période d'innovations. Pour tenter de résoudre la crise financière, le Régent autorise John Law (prononcer « Laf ») à lancer des emprunts et, pour la première fois de l'histoire, du papier-monnaie. Mais cette tentative s'achève en 1720 par la ruine des épargnants.
Sur le plan diplomatique, le Régent engage une guerre contre l'Espagne qui mène à la défaite. Quelques mois après la majorité de Louis XV, il meurt, le 2 décembre 1723.

Lui et Nous

L'Élysée

À sa mort, la marquise de Pompadour lègue le palais d'Évreux à son souverain, qui affecte le bâtiment au logement des ambassadeurs extraordinaires, puis au garde-meubles. Construit en 1720 sur ordre de l'un des familiers du Régent, Henri-Louis de La Tour d'Auvergne, le palais a été élevé par l'architecte Mollet. La marquise l'a acheté en 1753 et en fait son pied-à-terre parisien. Sous son nom moderne de palais de l'Élysée, la maison de la Pompadour est devenue la résidence officielle du chef de l'État en 1873.

Louis XV le Bien-Aimé		Louis XVI		Louis XVII	
▸ **1715-1723** *Philippe d'Orléans est régent*	▸ **1730** *Essor de la philosophie des Lumières*	▸ **1776** *Premier bateau à vapeur (inventé par Jouffroy)*	▸ **1789** *Prise de la Bastille (14 juillet). Déclaration des droits de l'homme. Saisie des biens du clergé*	▸ **1793** *Création de l'armée révolutionnaire. Instruction publique gratuite et obligatoire*	▸ **1794** *Le français langue obligatoire des actes officiels*
▸ **1716** *Fondation de la « banque générale » de Law ; premiers « billets de banque »*	▸ **1751** *Parution de l'Encyclopédie*	▸ **1779** *Le servage est supprimé dans les domaines royaux*		▸ **1793** *Procès et exécution de Marie-Antoinette*	▸ **1795** *Les royalistes écrasés par Bonaparte. Mise en place du Directoire*

Louis XVI

Renversé par la Révolution, Louis XVI a été jugé peu favorablement par le tribunal de l'histoire. Il lui est reproché de ne pas avoir été à la hauteur des événements. Lorsqu'il en a eu l'occasion, Louis XVI n'a pas eu la force de soutenir les réformes qui lui étaient proposées. Ensuite, il n'a pu que subir le cours des choses ; mais il a toujours choisi les plus mauvaises solutions, celles qui ont conduit à son procès et à son exécution.

Louis XVI (1754-1793). Une personnalité débonnaire dépassée par la gravité des événements.

Un prince simple et réservé

Louis, duc de Berry, devient le prince héritier de la couronne de France en 1765, à la mort de son père le Dauphin. Né en 1754, il est en effet le fils aîné de Louis, quatrième enfant de Louis XV, et de Marie-Josèphe de Saxe, fille du roi de Pologne, Frédéric-Auguste II. Le nouveau Dauphin a deux frères cadets, le comte de Provence (futur Louis XVIII) et le comte d'Artois (futur Charles X). Le jeune prince perd sa mère en 1767. Mais l'éducation qui lui est prodiguée par son précepteur, le duc de La Vauguyon, bigot et austère, ne le prédispose pas à une grande ouverture d'esprit. Timide, réservé et gauche, animé d'une mollesse bonasse, le jeune duc de Berry est plus attiré par les sciences, la technologie et la géographie que par les lettres. Il aura toute sa vie une passion pour les mécanismes des serrures et de l'horlogerie. À seize ans, en 1770, il est marié à une archiduchesse autrichienne, plus jeune que lui (née en 1755), Marie-Antoinette, frivole et légère. En juin 1775, Louis et Marie-Antoinette sont couronnés à Reims.

Une nouvelle équipe de ministres

Conscient de la faiblesse du gouvernement de son prédécesseur, le jeune roi laisse le ministre Maurepas, chassé en son temps par la Pompadour, nommer de talentueux collaborateurs : aux Affaires étrangères, le comte de Vergennes, aux Finances, Turgot.

Henri IV		Louis XIII le Juste		Louis XIV le Grand	
▶ 1591 *La Ligue : terreur à Paris*	▶ 1606 *Naissance de Pierre Corneille*	▶ 1610-1614 *Marie de Médicis est régente*	▶ 1631 *T. Renaudot fonde la Gazette, le premier journal*	▶ 1643 *Anne d'Autriche est régente*	▶ 1685 *Naissance de Voltaire*
▶ 1598 *Publication de l'édit de Nantes*	▶ 1610 *Henri IV assassiné par Ravaillac*	▶ 1622 *Naissance de Molière*	▶ 1653 *Fondation de l'Académie française*	▶ 1665 *La Fontaine publie ses Contes*	▶ 1712 *Naissance de Rousseau*
		▶ 1623 *Naissance de Blaise Pascal*		▶ 1685 *Révocation de l'édit de Nantes*	▶ 1713 *Naissance de Diderot*

Monsieur et Madame Veto avaient promis…

Considéré comme le « père de la nation », le roi dispose d'un droit de veto pour refuser les lois votées par l'Assemblée législative si elles ne lui conviennent pas.
Le veto devint ainsi un symbole de l'absolutisme royal. Le nom de « Monsieur et Madame Veto » fut donné par dérision à Louis XVI et Marie-Antoinette dans le plus célèbre des chants révolutionnaires, *la Carmagnole*. Le fait que la chanson commence par « Madame Veto » dit assez que la reine avait su cristalliser sur elle la haine populaire.

Madame Veto avait promis
De faire égorger tout Paris.
Mais son coup a manqué
Grâce à nos canonniers.

Dansons la Carmagnole,
Vive le son, vive le son,
Dansons la Carmagnole
Vive le son du canon!

Ce dernier est un adepte des réformes économiques. Il pense que l'économie ne peut se développer que si elle est libérée de certaines entraves, comme les taxes et les réglementations.
Mais cette réforme entre en application une année de baisse de la production. Il s'ensuit une hausse des prix et une révolte populaire, la « guerre des Farines ». La volonté de réforme se heurte également au parlement de Paris, que Maurepas a rappelé d'exil en signe de bonne volonté et qui repousse les réformes de Turgot (abolition des corporations, suppression de la corvée, établissement d'impôts plus équitables, etc.). Turgot est disgracié (1776). Le roi, sous la pression de Marie-Antoinette, tourne le dos à la réalité.

L'aide aux insurgés américains

Même si les réformateurs regardent vers Londres, admiratifs qu'ils sont de la Constitution anglaise, ils n'ont pas oublié les dispositions, honteuses pour la France, du traité de Paris de 1763. L'insurrection des colons américains contre l'Angleterre est une occasion à ne pas manquer pour reprendre les colonies perdues en s'alliant aux rebelles. Mais le roi ne souhaite pas aider ouvertement les insurgés, aux tendances un peu trop démocratiques.
Les négociations et l'aide militaire se font dans la plus grande discrétion (1776-1778). Des volontaires, comme La Fayette, se rendent en Amérique pour combattre, contre l'avis du roi. En 1778, Louis XVI reconnaît enfin les Américains et signe un traité de commerce. La marine française contribue à la victoire de Yorktown (1781) sur les Anglais. Le traité de Versailles de 1783 reconnaît l'indépendance des États-Unis et confirme à la France la possession de Saint-Pierre-et-Miquelon, de Sainte-Lucie (une île des Antilles) et des comptoirs de l'Inde et du Sénégal. De nombreux jeunes nobles français ont participé à la guerre de l'Indépendance américaine et sont désormais convertis aux valeurs de liberté et d'égalité. Ils ne sont pas hostiles à une évolution du régime royal.

Un budget déficitaire

Le financement de la guerre a sérieusement entamé le Trésor royal. Dès 1781, le ministre des Finances Necker rend publique la situation et est congédié. Il est remplacé par Calonne, qui présente, en 1786, un ensemble de réformes comprenant des emprunts et de nouveaux impôts. Prévoyant l'hostilité du parlement, le ministre propose au roi de réunir une assemblée des notables. Mais ceux-ci rejettent son plan. Calonne est disgracié et remplacé par le cardinal Loménie de Brienne, qui n'a d'autre solution que de reprendre son programme. Brienne se trouve vite confronté à l'hostilité du parlement, que le roi exile à Troyes en 1787. L'année suivante, le roi doit recourir à un nouveau « lit de justice ». L'agitation parlementaire gagne tout le pays et plus particulièrement le Dauphiné. Une assemblée des états provinciaux réunie à Vizille, en juin 1788, proclame l'égalité fiscale et revendique l'organisation d'états généraux. Le clergé lui-même décide de ne pas aider le gouvernement. Brienne n'a plus comme solution que de convoquer les états généraux pour 1789.

Le peuple prend la parole

Louis XVI rappelle alors Necker. Une deuxième assemblée des notables se limite à organiser les futurs états généraux, qui regroupent des élus selon trois collèges : la noblesse, le clergé et le tiers (troisième) état. Le débat se concentre sur la représentativité des trois assemblées. Le tiers état demande à être plus représenté que lors des derniers états généraux, qui remontent à 1614 : il veut le doublement de ses membres. Le parlement refuse et révèle sa véritable nature réactionnaire. En décembre 1788, le roi suit cependant Necker et accepte le doublement du tiers

La France de 1789 présentait, à peu de chose près, les mêmes frontières que de nos jours.

Louis XV le Bien-Aimé		**Louis XVI**		Louis XVII	
▶ 1715-1723 *Philippe d'Orléans est régent* ▶ 1716 *Fondation de la « banque générale » de Law ; premiers « billets de banque »*	▶ 1730 *Essor de la philosophie des Lumières* ▶ 1751 *Parution de l'Encyclopédie*	▶ 1776 *Premier bateau à vapeur (inventé par Jouffroy)* ▶ 1779 *Le servage est supprimé dans les domaines royaux*	▶ 1789 *Prise de la Bastille (14 juillet). Déclaration des droits de l'homme. Saisie des biens du clergé*	▶ 1793 *Création de l'armée révolutionnaire. Instruction publique gratuite et obligatoire* ▶ 1793 *Procès et exécution de Marie-Antoinette*	▶ 1794 *Le français langue obligatoire des actes officiels* ▶ 1795 *Les royalistes écrasés par Bonaparte. Mise en place du Directoire*

L. C.A. Couder. L'Ouverture des états généraux à Versailles, *le 5 mai 1789. Œuvre conservée au château de Versailles.*

© Château de Versailles/Giraudon

état. Les élections ont lieu en janvier ; en février, toutes les communautés villageoises de France sont appelées à exprimer leurs doléances et à proposer des réformes. Ce sont les fameux cahiers de doléances, une prise de parole extraordinaire. Les principales revendications tournent autour du contrôle de l'impôt, de la confirmation des droits de propriété et de l'abolition des lettres de cachet, symboles du caractère arbitraire du régime.

Des états généraux à l'Assemblée nationale

Le roi préside le 5 mai 1789 la séance inaugurale des états généraux à Versailles. Les débats portent sur le vote par ordre ou par député (par ordre, le tiers état ne peut obtenir la majorité, par homme, il peut convaincre des membres des deux ordres privilégiés). Le roi ne tente pas d'arbitrer le débat. Pis, il prend position pour les ordres privilégiés, précipitant la révolte des députés du tiers état. Rejoint par les éléments les plus libéraux de la noblesse et du clergé, le tiers état se proclame Assemblée nationale lors du serment du Jeu de paume (20 juin 1789). La Révolution est en marche. Le roi concentre l'armée autour de Versailles et de Paris. Le peuple de la capitale se mobilise, s'empare de la Bastille (14 juillet) et se donne une municipalité. Louis XVI subit les événements, mais il s'entête et refuse de ratifier la Déclaration des droits de l'homme et l'abolition des privilèges dont bénéficient les aristocrates et le clergé. Son plus jeune frère s'enfuit à l'étranger ainsi qu'une partie de la cour. Les 5 et 6 octobre, des manifestantes, inquiètes de la crise de subsistance qui menace la capitale, se rendent en cortège à Versailles et ramènent de force à Paris le « boulanger, la boulangère et le petit mitron ».

© Musée Carnavalet, Paris/Giraudon

La prise de la Bastille, le 14 juillet 1789, qui ouvrit la voie à la Révolution, reste un acte emblématique. La fête nationale française est, depuis, fixée ce jour-là.

Henri IV		Louis XIII le Juste		Louis XIV le Grand	
▶ **1591** *La Ligue : terreur à Paris*	▶ **1606** *Naissance de Pierre Corneille*	▶ **1610-1614** *Marie de Médicis est régente*	▶ **1631** *T. Renaudot fonde la Gazette, le premier journal*	▶ **1643** *Anne d'Autriche est régente*	▶ **1685** *Naissance de Voltaire*
▶ **1598** *Publication de l'édit de Nantes*	▶ **1610** *Henri IV assassiné par Ravaillac*	▶ **1622** *Naissance de Molière*	▶ **1653** *Fondation de l'Académie française*	▶ **1665** *La Fontaine publie ses Contes*	▶ **1712** *Naissance de Rousseau*
		▶ **1623** *Naissance de Blaise Pascal*		▶ **1685** *Révocation de l'édit de Nantes*	▶ **1713** *Naissance de Diderot*

L'exécution de Louis XVI, le 21 janvier 1793. Huile sur cuivre conservée au musée Carnavalet, à Paris.

Un roi sous contrôle

Les députés veulent transformer le régime de monarchie absolue en monarchie constitutionnelle. En 1790, seule une minorité désire l'abolition de la monarchie. Le jour de la fête de la Fédération, le 14 juillet 1790, le roi prête serment à la Constitution et l'opinion croit à la réconciliation du roi et de la nation. Le 17 juillet, Louis XVI accepte de porter la cocarde bleu-blanc-rouge que La Fayette lui tend. Mais le vote de la Constitution civile du clergé à la fin de l'année 1790, qui prévoit l'élection des curés et des évêques, provoque la rupture avec l'Assemblée. La condamnation de la loi par le pape (mars 1791) achève de convaincre Louis XVI qu'il a fait fausse route.

La fuite à Varennes

À partir du printemps 1791, le roi envisage de quitter le territoire tout en mobilisant l'émigration pour qu'elle intervienne contre la France. À Pâques, le souverain prétend vouloir se rendre à Saint-Cloud pour recevoir la communion d'un prêtre hostile à la Constitution civile du clergé. Les Parisiens l'empêchent de quitter la capitale. La reine, qui ne supporte plus la situation, obtient du roi qu'il se décide à fuir Paris. Un complot est organisé par un officier suédois, Axel de Fersen. Dans la nuit du 20 au 21 juin 1791, le roi, déguisé en laquais, et la reine, munie d'un passeport danois, quittent le château des Tuileries en compagnie de leur fils. Le lendemain, Paris apprend de la bouche de La Fayette que le roi a été enlevé. Ce mensonge est destiné à éviter que le peuple n'exprime sa colère et s'en prenne aux éléments modérés. Pendant ce temps, le roi est reconnu non loin de Sainte-Menehould par le maître de poste Drouet, qui arrête la berline à Varennes-en-Argonne. La famille royale est reconduite à Paris sous les huées.

Le double jeu

Le roi est suspendu par l'Assemblée pendant quelques semaines. En septembre, rétabli dans ses droits, il accepte de prêter serment à la nouvelle Constitution et de travailler dans la légalité avec l'Assemblée législative nouvellement élue. Les partisans de la république sont devenus de plus en plus nombreux, plus particulièrement les Jacobins. Quant aux monarchistes, les Feuillants, ils détiennent le gouvernement. Louis XVI voit dans la guerre le seul moyen de recouvrer son pouvoir. Allié aux Feuillants puis aux Girondins, il propose, le 20 avril 1792, de déclarer la guerre au roi de Bohême. Cette guerre accélère le cours de la Révolution, qui se radicalise. À la suite des défaites de l'armée et des désordres intérieurs, le peuple de Paris s'inquiète. La publication du « manifeste de Brunswick » — ce général prussien menace les Parisiens des pires violences s'il est fait mal à la personne du roi — provoque, le 10 août 1792, une émeute qui aboutit à la prise des Tuileries et à la proclamation de la déchéance du roi.

Jugé, condamné et guillotiné

La famille royale est enfermée dans la prison du Temple. En septembre 1792, la découverte de papiers compromettants dans une armoire de fer apporte les preuves d'une collusion entre le roi et les ennemis de la France. Le procès est inévitable. Il a lieu du 26 décembre 1792 à la mi-janvier 1793. À son issue, Louis XVI est condamné à mort avec une voix de majorité (361 voix pour, 360 contre). Le 21 janvier 1793 — an I de la République —, il est guillotiné après avoir déclaré, tentant de surmonter les roulements de tambour : « Français, je meurs innocent et je prie Dieu que mon sang ne retombe point sur mon peuple. »

Lui et Nous

La vaccination

L'Anglais Edward Jenner est l'inventeur de la vaccine. Sa méthode pour vaincre la maladie est difficilement compréhensible par les hommes de son époque. Comment peut-on espérer vaincre une maladie en inoculant dans le corps la cause de cette maladie? Pour convaincre ses sujets, la famille royale, ouverte à la modernité, n'hésite pas. Le 18 juin 1774, le roi et ses deux frères se font inoculer le vaccin contre la variole, la maladie qui a emporté leur grand-père.

Louis XV le Bien-Aimé	Louis XVI	Louis XVII
▶ **1715-1723** *Philippe d'Orléans est régent* ▶ **1716** *Fondation de la « banque générale » de Law ; premiers « billets de banque »* ▶ **1730** *Essor de la philosophie des Lumières* ▶ **1751** *Parution de l'Encyclopédie*	▶ **1776** *Premier bateau à vapeur (inventé par Jouffroy)* ▶ **1779** *Le servage est supprimé dans les domaines royaux* ▶ **1789** *Prise de la Bastille (14 juillet). Déclaration des droits de l'homme. Saisie des biens du clergé*	▶ **1793** *Création de l'armée révolutionnaire. Instruction publique gratuite et obligatoire* ▶ **1793** *Procès et exécution de Marie-Antoinette* ▶ **1794** *Le français langue obligatoire des actes officiels* ▶ **1795** *Les royalistes écrasés par Bonaparte. Mise en place du Directoire*

Après la Révolution

AN 1804… APRÈS LA RÉVOLUTION, ROIS ET EMPEREURS		
Napoléon Ier *1769-1821* Empereur des Français 1804-1814 et 1815	Louis XVIII *1755-1824* Roi de France 1814-1815 et 1815-1824	Charles X *1757-1836* Roi de France 1824-1830

APRÈS LA RÉVOLUTION, ROIS ET EMPEREURS		... AN 1870
Louis-Philippe Ier d'Orléans *1773-1850* Roi des Français 1830-1848	Napoléon III *1808-1873* Empereur des Français 1852-1870	Le peuple souverain

Napoléon Ier

Napoléon Bonaparte fut l'un des souverains les plus marquants de l'histoire de France. Homme d'État, il crée des institutions qui existent toujours aujourd'hui. Homme de guerre, il élargit les frontières de l'Empire. Devenu le « maître du monde » en imposant sa loi, il connaîtra une chute vertigineuse, marquée par l'exil, suivi d'une lente agonie.

La naissance en Corse

Napoléon voit le jour à Ajaccio, le 15 août 1769. Fils de Charles Marie Buonaparte et de Maria Letizia Ramolino, tous deux d'origine italienne, il est le deuxième enfant de la famille. Sur les treize enfants qui viendront au monde, huit survivront. Après Joseph et Napoléon, naîtront Lucien (1775), Maria-Anna Élisa (1777), Louis (1778), Pauline (1780), Caroline (1782) et Jérôme (1784), qui tous seront rois, princes ou ministres.

L'arrachement à la terre natale

À Ajaccio, Napoléon fréquente l'école de l'abbé Recco, où il apprend à lire et à écrire en italien, et s'initie au calcul, sa matière préférée. Mais le maigre salaire de Charles, le père, ne lui permet pas d'assurer l'éducation de ses enfants. Il finit par obtenir des bourses pour eux. Le 17 décembre 1778, il s'embarque avec ses deux fils et son beau-frère, Joseph Fesch, futur cardinal, à destination de la France. Napoléon n'a pas encore dix ans. À son arrivée, il entre, avec son frère, au collège d'Autun.

Napoléon Ier Bonaparte (1769-1821). Tableau de Jacques Louis David (1812).

Une éducation de soldat

À partir de mai 1779, Napoléon fréquente l'école militaire de Brienne, dans l'Aube, un des douze collèges de France qui accueillent les enfants de la noblesse pauvre. Il va y rester cinq ans. On y enseigne le latin, les auteurs classiques, l'histoire de l'Antiquité et celle de la France. Bon élève, Bonaparte n'est pas très aimé de ses camarades, qui se moquent de son accent et de son nom : Napoleone devient dans leurs bouches

Napoléon Ier		Louis XVIII		Charles X	
▶ 1796 *Bataille d'Arcole* ▶ 1799 *Coup d'État du 18-Brumaire (9 novembre)* ▶ 1802 *Naissance de Victor Hugo*	▶ 1804 *Promulgation du Code civil* ▶ 1805 *Bataille d'Austerlitz* ▶ 1812 *Passage de la Bérésina*	▶ 1814 *La France sera admise au congrès de Vienne* ▶ 1815 *Les Cent-Jours de Napoléon. Bataille de Waterloo (18 juin)*	▶ 1820 *Ampère découvre l'électrodynamique et Arago l'aimantation* ▶ 1821 *Mort de Napoléon*	▶ 1830 *Les Trois Glorieuses (27, 28, 29 juillet)* ▶ 1830 *L'armée française prend Alger*	▶ 1830 *Abdication de Charles X. Fin de la dynastie des Bourbons*

Bonaparte reçoit la soumission des chefs égyptiens lors de la campagne d'Égypte. Dessin gouaché du XIX*ᵉ siècle. Archives de la Manufacture nationale de Sèvres.*

« la paille au nez » ! En 1784, Napoléon passe l'examen d'entrée à l'École militaire de Paris. L'année suivante, son père décède des suites d'un cancer à l'estomac. En septembre a lieu le concours de sortie des écoles militaires de France : à seize ans, Napoléon devient lieutenant en second dans l'artillerie, puis premier lieutenant en 1791, et lieutenant-colonel l'année suivante. Il va de garnison en garnison, et lit beaucoup.

Un grand général

En 1793, Bonaparte est devant Toulon, occupée par les Anglais. En décembre, il est chargé de commander l'artillerie qui va attaquer la ville. Il manœuvre avec une telle adresse qu'il décroche le titre de général de brigade. Puis il rentre à Paris, où il mate l'insurrection royaliste du 13 vendémiaire an IV (5 octobre 1795) : 30 000 hommes marchent contre la Convention et les Tuileries ; en face, ils ne sont que 8 000 soldats, manquant de canons. Bonaparte les envoie chercher au camp des Sablons, près de Neuilly, et dirige le combat en personne. Quelques jours plus tard, le voici promu général de division, puis il est nommé commandant de l'armée de l'intérieur !

La campagne d'Italie

Après avoir épousé le 9 mars 1796 Joséphine de Beauharnais, Bonaparte devient général en chef de l'armée d'Italie, avec 40 000 hommes sous ses ordres. Juste avant le combat, il prononce ces paroles célèbres : « Soldats, vous êtes nus, mal nourris... Je vous conduirai dans les plus fertiles plaines du monde... Vous y trouverez honneur, gloire et richesse. » Ce général de vingt-sept ans va surprendre l'ennemi par la rapidité de ses attaques : les Autrichiens sont battus à Arcole le 17 novembre 1796, et de nouveau à Rivoli, en janvier 1797, car ils ont repris les combats. Le traité de Campoformio est signé avec l'Autriche en octobre 1797. De retour à Paris, le héros est acclamé par le peuple.

L'aventure égyptienne

Le 23 février 1798, Bonaparte obtient le commandement suprême de l'expédition d'Égypte, dont le but est de couper à l'Angleterre la route des Indes. Outre 54 000 soldats, des savants, des spécialistes de l'Orient, des artistes embarquent à bord des bateaux. Le 19 mai 1798, 150 navires quittent Toulon. Le 1ᵉʳ août, les Anglais détruisent la flotte française à Aboukir. En 1799, les Turcs ayant déclaré la guerre à la France, Bonaparte les bat, de nouveau à Aboukir, le 25 juillet.

Le coup d'État du 18-Brumaire

En Égypte, Bonaparte apprend l'anarchie dans laquelle le Directoire, le gouvernement en place, a plongé la France. Le 9 octobre 1799, il débarque à Fréjus, d'où il doit rejoindre la capitale. Un mois plus tard, promu commandant des troupes de Paris, il renverse le Directoire par un coup d'État en envoyant l'armée les 18 et 19 brumaire an VIII (9-10 novembre 1799) et se fait nommer Premier consul. La nouvelle Constitution sera promulguée le 15 décembre (24 frimaire an VIII).

Empereur des Français

En 1802, Bonaparte se fait nommer Premier consul à vie. Deux ans plus tard, le 18 mai 1804, à Saint-Cloud, en présence des sénateurs, il devient Napoléon Iᵉʳ, « empereur des Français ». Le 2 décembre de la même année, en l'église Notre-Dame de Paris, ont lieu le couronnement et le sacre de Napoléon et de Joséphine. Le pape Pie VII est présent. Partis des Tuileries, les futurs souverains ont pris place dans un carrosse étincelant d'or tiré par huit chevaux. Lorsqu'ils pénètrent dans la nef, en présence du corps diplomatique, de la cour et des assemblées, tous les assistants se lèvent et crient : « Vive l'Empereur ! »

La noblesse d'Empire

Même si la Révolution a fait disparaître l'aristocratie en place, Napoléon, une fois devenu empereur, désire créer une nouvelle noblesse afin que, théoriquement, chacun ait ses chances d'y accéder selon ses mérites. Le 1ᵉʳ mars 1808 il institue une loi « confirmant la création des titres impériaux », dont la hiérarchie

Le coup d'État du 18-Brumaire. Bonaparte au conseil des Cinq-Cents à Saint-Cloud. *Château de Versailles.*

Louis-Philippe Iᵉʳ d'Orléans		Napoléon III		Le peuple souverain
canuts (tisserands) *nt* *de É. Zola,* *net et de A. Renoir*	▶ **1848** *Révolution et proclamation de la République. Louis Napoléon Bonaparte est président. Karl Marx publie le Manifeste du parti communiste*	▶ **1852** *Rétablissement de l'Empire (2 décembre)* ▶ **1855** *Exposition internationale de Paris*	▶ **1859** *Alliance avec le royaume de Sardaigne. Bataille de Solférino* ▶ **1870** *Déchéance de l'Empire*	▶ **1871** *La Commune de Paris : la Semaine sanglante (21-28 mai)*

est la suivante : prince, duc, comte, baron et chevalier. Ces titres peuvent être accordés à tous, sans que la question de la naissance entre en ligne de compte. Ces nouveaux nobles — parmi lesquels ses frères et sœurs — s'installent à Paris, faubourg Saint-Germain, faubourg Saint-Honoré ou dans le quartier de la Chaussée-d'Antin...

Des victoires célèbres

« Quel homme que notre Empereur ! Si vous l'aviez vu à Austerlitz ! C'est un scélérat dans le feu », note l'un des soldats. Après ce succès éclatant remporté en décembre 1805 contre les Autrichiens et les Russes, le prestige de Napoléon est immense.
Acclamé en héros pour son génie militaire lorsqu'il rentre à Paris, il est profondément respecté par le peuple.
En une série de victoires, dont certaines seront pourtant obtenues au prix d'un carnage, comme à Eylau en 1807, où, dans la boue, le gel et le froid, 20 000 soldats mourront, Napoléon réalise peu à peu son idée du Grand Empire.
Sur le champ de bataille, toujours présent, il se lance dans la mêlée comme un simple soldat, gagnant le respect et l'affection de ses compagnons d'armes.

Un fils, enfin !

En 1809, Napoléon décide de divorcer, car Joséphine ne peut lui donner d'enfant. Il se tourne vers l'empereur d'Autriche, qui accepte de lui accorder la main de sa fille Marie-Louise, âgée de dix-huit ans. Le mariage est célébré le 2 avril 1810 ! Le 20 mars 1811, cent coups de canon annoncent aux Parisiens enthousiastes la naissance d'un fils, le roi de Rome.

Napoléon et les femmes

Même si Napoléon pense que les femmes sont des êtres inférieurs à l'homme, juste bonnes à faire des enfants, il en aimera pourtant un certain nombre.
D'abord ses deux épouses légitimes : Joséphine, sa première épouse, une séduisante créole de la Martinique veuve du général de Beauharnais et de dix ans plus âgée que lui, qu'il aimera follement et qui le trompera. Puis Marie-Louise, princesse autrichienne nièce de la reine Marie-Antoinette, élevée dans la haine de la France, qui lui donnera tout de même un fils, Napoléon II, dit l'Aiglon.
De son aventure avec Marie Walewska, une jeune Polonaise, est né aussi un garçon, Alexandre. Napoléon aime beaucoup les actrices, comme Mademoiselle George, et les cantatrices, telle la Grassini, une Italienne. On lui attribuera en tout une cinquantaine de maîtresses...

Jacques Louis David. Sacre de l'empereur Napoléon Ier et couronnement de l'impératrice Joséphine dans la cathédrale Notre-Dame de Paris, le 2 décembre 1804. *Musée du Louvre.*

Napoléon Ier		Louis XVIII		Charles X	
▶ 1796 *Bataille d'Arcole* ▶ 1799 *Coup d'État du 18-Brumaire (9 novembre)* ▶ 1802 *Naissance de Victor Hugo*	▶ 1804 *Promulgation du Code civil* ▶ 1805 *Bataille d'Austerlitz* ▶ 1812 *Passage de la Bérésina*	▶ 1814 *La France sera admise au congrès de Vienne* ▶ 1815 *Les Cent-Jours de Napoléon. Bataille de Waterloo (18 juin)*	▶ 1820 *Ampère découvre l'électrodynamique et Arago l'aimantation* ▶ 1821 *Mort de Napoléon*	▶ 1830 *Les Trois Glorieuses (27, 28, 29 juillet)* ▶ 1830 *L'armée française prend Alger*	▶ 1830 *Abdication de Charles X. Fin de la dynastie des Bourbons*

François Gérard. La Bataille d'Austerlitz, le 2 décembre 1805 *(détail). Les victoires militaires de Napoléon et l'admiration que sa bravoure suscitait parmi ses soldats feront de l'empereur des Français un véritable personnage de légende. Château de Versailles.*

Le jour même, le nouveau-né est baptisé dans la chapelle des Tuileries, tandis que les soldats, les larmes aux yeux, présentent les armes. Grâce à cet héritier, les visées de l'Empereur sur l'Europe sont désormais sans limites : Paris sera la capitale du monde.

Napoléon, maître de l'Europe

En 1811, l'Empire français, qui compte 44 millions d'habitants et 130 départements, s'étend de Hambourg à Rome, et de la Vistule à Gibraltar. À la tête de certains pays, Napoléon a placé des membres de sa famille, comme son frère Joseph, qui sera successivement roi de Naples puis roi d'Espagne. Il ne lui reste qu'un ennemi déclaré, l'Angleterre.

Le début de la fin

En juin 1812, Napoléon se lance dans la campagne de Russie, qui va se révéler un désastre. Sur 600 000 hommes, seuls 20 000 reviendront. La faim et le froid sont terribles. Les troupes impériales doivent faire demi-tour aux portes de Moscou en flammes.
C'est un épouvantable échec. En France, un général, Malet, a essayé de renverser le gouvernement en répandant la nouvelle de la mort de l'Empereur. Celui-ci décide alors de revenir, espérant encore sauver son trône. Mais en décembre 1813, les coalisés (Prusse, Russie, Autriche et Suède) franchissent le Rhin et occupent les possessions de l'Empire (Hollande, Allemagne, Suisse). Le 31 mars 1814, ils sont à Paris.

L'abdication et le premier exil

Contraint d'abdiquer, le 6 avril 1814, Napoléon fait des adieux déchirants à la Garde impériale, qui l'a soutenu jusqu'au bout, et part en exil à l'île d'Elbe, au large de Rome. Le roi Louis XVIII monte sur le trône. Mais le 26 février 1815, l'ex-Empereur, qui a réussi à s'échapper, débarque à Golfe-Juan.
Vivement acclamé par la population le long de la route qui le mène à Paris, il retourne même en sa faveur les troupes chargées de l'arrêter.

Les Cent-Jours

Le 20 mars, alors que Louis XVIII s'enfuit en Belgique, Napoléon, porté en triomphe par ses fidèles, est aux Tuileries.
Mais les Alliés sont décidés à en finir avec l'Empereur. Les erreurs stratégiques militaires qu'il va commettre à Waterloo, en Belgique, en juin 1815, sonneront la fin de son règne. Les Français, bien inférieurs en nombre, doivent affronter les Anglais,

Joseph Franque. Marie-Louise de Habsbourg-Lorraine et le roi de Rome. *Château de Versailles.*

Louis-Philippe Ier d'Orléans		Napoléon III		Le peuple souverain
▶ **1831** *À Lyon les canuts (tisserands) se révoltent* ▶ **1840** *Naissance de É. Zola, de Cl. Monet et de A. Renoir*	▶ **1848** *Révolution et proclamation de la République. Louis Napoléon Bonaparte est président. Karl Marx publie le Manifeste du parti communiste*	▶ **1852** *Rétablissement de l'Empire (2 décembre)* ▶ **1855** *Exposition internationale de Paris*	▶ **1859** *Alliance avec le royaume de Sardaigne. Bataille de Solférino* ▶ **1870** *Déchéance de l'Empire*	▶ **1871** *La Commune de Paris : la Semaine sanglante (21-28 mai)*

les Hollandais et les Prussiens : ils sont vaincus, et Napoléon est contraint d'abdiquer pour la seconde fois.

Destination Sainte-Hélène

Le 15 juillet 1815, il décide alors de se rendre aux Anglais, qui, pense-t-il, ont pour ordre de le ramener dans leur pays. Mais il apprend vite que ceux-ci ont décidé de le déporter à Sainte-Hélène, un îlot du bout du monde, situé à 1 900 kilomètres à l'ouest de l'Afrique! Un récif volcanique de 122 km^2, cerné par des canons... Parmi ceux qui l'accompagnent, on compte le maréchal Bertrand, les généraux Montholon et Gourgaud, Las Cases, qui lui servira de secrétaire.

Six ans de solitude et d'ennui

Le petit homme obèse et « jaune à faire peur », qui a droit à des promenades très contrôlées, n'est autre que l'ex-fougueux lieutenant de la campagne d'Italie, l'intrépide jeune homme qui traversait les lignes ennemies au pas de charge. Il est surveillé en permanence par son geôlier, Lowe, un être borné. En outre, il est en train de mourir du même mal que celui dont était atteint son père : un cancer à l'estomac. Mais il refuse l'assistance des médecins anglais et, après huit jours d'agonie, rendra le dernier soupir, le 5 mai 1821. La publication de ses confidences à Las Cases sous le titre de *Mémorial de Sainte-Hélène* le fera entrer dans la légende.

Portrait

Il existe bien des portraits de Napoléon, qui permettent de le décrire. L'homme est petit (1,68 m), le teint mat. Dans sa jeunesse, il est très maigre, avec un visage en lame de couteau et il porte les cheveux longs, comme sur le pont d'Arcole. Dès l'âge de trente-cinq ans, il perd ses cheveux et devient gras. Très soucieux de l'hygiène pour son temps, il se lave les dents, s'asperge d'eau de Cologne et prend régulièrement des bains très chauds. Bourreau de travail, très résistant, il ne dort que quelques heures par nuit.

Lui et Nous

Des institutions toujours en vigueur

Napoléon est un grand réformateur. Il veut organiser la France de la manière la plus méthodique possible. La Banque de France est créée en 1800, les lycées et la Légion d'honneur, qui honore ceux, militaires et civils, qui ont rendu service à la nation, en 1802. Le Consulat décide de centraliser l'administration. Il crée les préfets et les préfectures, les sous-préfectures, les mairies. Puis le Code civil, un ensemble de lois achevé le 21 mars 1804 qui est encore la base de notre législation. Suivront le Code pénal, qui régit la justice, et le Code de commerce.

Paul Delaroche. Napoléon Ier à Fontainebleau, le 30 mars 1814, après avoir appris l'entrée des Alliés dans Paris. *Tableau conservé à Leipzig*.

Napoléon Ier		Louis XVIII		Charles X	
▶ 1796 *Bataille d'Arcole* ▶ 1799 *Coup d'État du 18-Brumaire (9 novembre)* ▶ 1802 *Naissance de Victor Hugo*	▶ 1804 *Promulgation du Code civil* ▶ 1805 *Bataille d'Austerlitz* ▶ 1812 *Passage de la Bérésina*	▶ 1814 *La France sera admise au congrès de Vienne* ▶ 1815 *Les Cent-Jours de Napoléon. Bataille de Waterloo (18 juin)*	▶ 1820 *Ampère découvre l'électrodynamique et Arago l'aimantation* ▶ 1821 *Mort de Napoléon*	▶ 1830 *Les Trois Glorieuses (27, 28, 29 juillet)* ▶ 1830 *L'armée française prend Alger*	▶ 1830 *Abdication de Charles X. Fin de la dynastie des Bourbons*

Louis XVIII

Aux yeux de l'histoire, il incarne un retour en arrière. Après les grands rêves révolutionnaires et les gloires napoléoniennes, le règne de Louis XVIII semble faire pâle figure. En fait, ce frère de Louis XVI est sans doute le seul des derniers monarques français à avoir compris que, pour survivre, la royauté devait être moderne. Pari audacieux, et qui a été perdu.

Petit-fils de Louis XV, celui qui allait devenir Louis XVIII est né à Versailles le 17 novembre 1755. Il a le titre de comte de Provence et il est le frère cadet de Louis XVI.

Le prince éclairé

Louis XVI régnant, il est l'héritier du trône jusqu'à ce que celui-ci ait un fils, en 1781. Dès cette époque, le comte de Provence se tient prêt à régner. Contrairement à son malheureux frère aîné, il s'intéresse au métier de gouverner, et il soigne son image. D'esprit voltairien, il est le tenant d'un despotisme éclairé, c'est-à-dire d'une monarchie forte gouvernant dans l'intérêt du peuple. Ainsi s'oppose-t-il en 1774 au rétablissement des parlements des régions, lesquels défendent les privilèges de la petite noblesse et par là nuisent à l'intérêt général.
1789 : on prépare l'élection des états généraux. Les nobles veulent que chacun des trois ordres (noblesse, clergé et tiers état) ait le même nombre de représentants. Le comte de Provence prend position pour le doublement du nombre des députés du tiers état, ce que revendique l'élite de la bourgeoisie.

Le monarchiste moderne

C'est donc avec une certaine ouverture d'esprit que le comte de Provence entre dans la période révolutionnaire. Affaire de conviction, mais aussi goût du pouvoir : il aimerait représenter la possibilité d'une monarchie moderne.
Après les journées des 5 et 6 octobre, au cours desquelles la foule parisienne exige que le roi s'installe dans la capitale, il tente

Louis XVIII *(1755-1824). Tableau de François Gérard conservé à l'hôtel de Beauharnais, à Paris.*

Napoléon Ier		Louis XVIII		Charles X	
▶ 1796 *[B]ataille d'Arcole* ▶ 1799 *[C]oup d'État du 18-Brumaire [...] novembre)* ▶ 1802 *[N]aissance de Victor Hugo*	▶ 1804 *Promulgation du Code civil* ▶ 1805 *Bataille d'Austerlitz* ▶ 1812 *Passage de la Bérésina*	▶ 1814 *La France sera admise au congrès de Vienne* ▶ 1815 *Les Cent-Jours de Napoléon. Bataille de Waterloo (18 juin)*	▶ 1820 *Ampère découvre l'électrodynamique et Arago l'aimantation* ▶ 1821 *Mort de Napoléon*	▶ 1830 *Les Trois Glorieuses (27, 28, 29 juillet)* ▶ 1830 *L'armée française prend Alger*	▶ 1830 *Abdication de Charles X. Fin de la dynastie des Bourbons*

même de se faire nommer lieutenant général du royaume, c'est-à-dire qu'il entend gouverner à la place de son frère ! Mais, en 1791, il sent que tout est perdu, et le 20 juin, en même temps que le roi, mais en empruntant un autre chemin, il décide de fuir. Plus chanceux que son frère, il atteint sans encombre la Belgique. De là il rejoint Coblence, où se trouve déjà son autre frère, le comte d'Artois, futur Charles X.

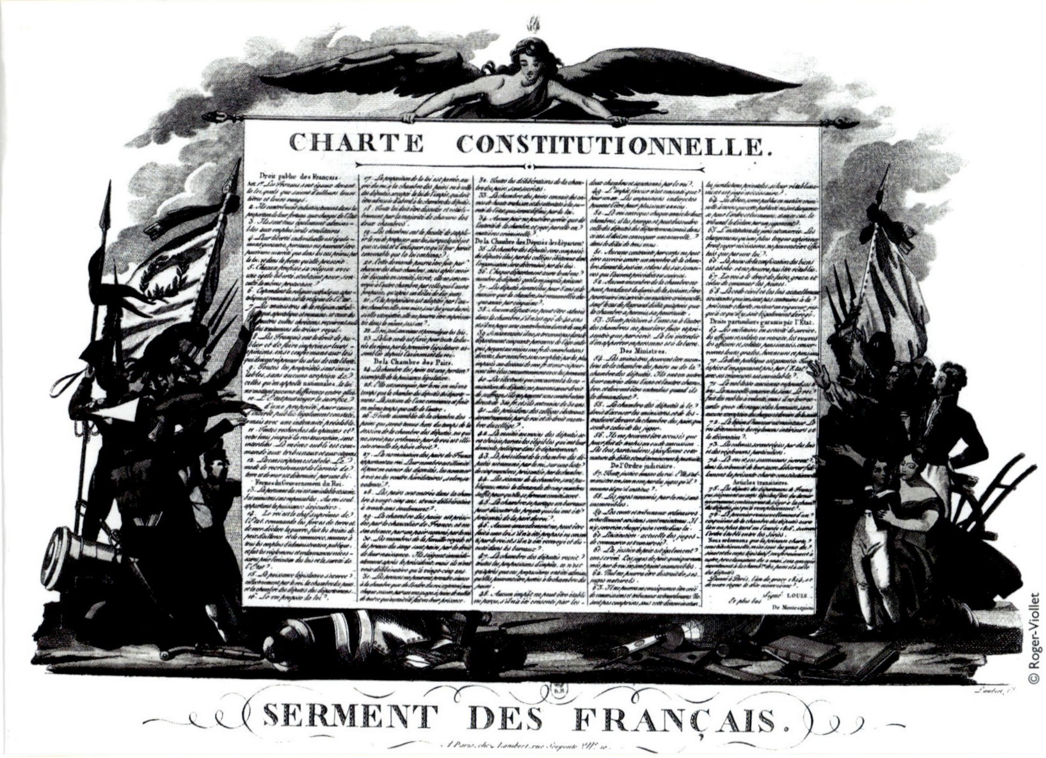

© Roger-Viollet
© Château de Versailles / Lauros-Giraudon

Un roi en exil

Après l'exécution de Louis XVI, il incarne aux yeux des royalistes la continuité de la monarchie. Pour eux, Louis XVII règne et le comte de Provence est son régent. Lorsque son jeune neveu disparaît, en juin 1795, le comte de Provence devient, pour les royalistes, le roi Louis XVIII. Dès 1793, Louis XVIII s'est constitué un ministère prêt à gouverner. Il se dote d'ambassadeurs qui le représentent dans les grandes capitales européennes. Surtout, il prend contact avec les royalistes restés en France. En particulier, il noue des liens avec les chefs des insurrections vendéennes et méridionales. Il n'en cherche pas moins à négocier avec les autorités révolutionnaires, puis avec le Premier consul Bonaparte. Mais celui-ci lui fait, en 1800, cette réponse sans équivoque : « Vous ne devez pas souhaiter retourner en France. Il vous faudrait marcher sur cinq cent mille cadavres. » Du reste, à ce moment, les grandes puissances veulent croire que Napoléon amènera l'apaisement en France et en Europe. Ce sont plutôt les royalistes qui font figure de semeurs de trouble. Lorsque l'Empire est proclamé en 1804, l'étoile de Louis XVIII est plus pâle que jamais. Mais, et ce n'est pas la moindre de ses qualités morales, il continue à croire à la justesse de son combat. Il s'agit pour lui d'une mission sacrée : rétablir le droit divin en France.

Qu'est-ce que la Charte ?

Le mot évoque les textes par lesquels les rois du Moyen Âge octroyaient des droits particuliers à certaines communautés. Mais la Charte promulguée par Louis XVIII en 1814 est une Constitution qui fixe les rôles respectifs des pouvoirs exécutif et législatif. Elle définit que le roi est le chef de l'exécutif. Il nomme et révoque les ministres comme il veut. Il peut dissoudre la Chambre des députés. Les lois sont votées par deux Chambres : celle des pairs, nommée par le roi, et celle des députés, élue par les citoyens les plus riches. La Charte n'indique pas la durée du mandat de cette dernière, mais dans la pratique la Chambre sera renouvelée par cinquième tous les ans.
Enfin, le catholicisme est religion d'État, mais la liberté de conscience est garantie, ainsi que les autres libertés publiques.

© Musée de la Ville de Paris, Musée Carnavalet/Lauros-Giraudon

Louis XVIII et sa famille passant en revue les corps royaux au Champs-de-Mars, le jour de la bénédiction des drapeaux de la Garde royale.

Napoléon Ier		**Louis XVIII**		Charles X	
▶ **1796** *Bataille d'Arcole* ▶ **1799** *Coup d'État du 18-Brumaire (9 novembre)* ▶ **1802** *Naissance de Victor Hugo*	▶ **1804** *Promulgation du Code civil* ▶ **1805** *Bataille d'Austerlitz* ▶ **1812** *Passage de la Bérésina*	▶ **1814** *La France sera admise au congrès de Vienne* ▶ **1815** *Les Cent-Jours de Napoléon. Bataille de Waterloo (18 juin)*	▶ **1820** *Ampère découvre l'électrodynamique et Arago l'aimantation* ▶ **1821** *Mort de Napoléon*	▶ **1830** *Les Trois Glorieuses (27, 28, 29 juillet)* ▶ **1830** *L'armée française prend Alger*	▶ **1830** *Abdication de Charles X. Fin de la dynastie des Bourbons*

Une période difficile

En 1807, le tsar Alexandre Ier signe avec Napoléon un traité d'entente à Tilsit et chasse Louis XVIII qui se trouvait en Russie. Ce dernier se rend en Angleterre, où il connaît les années les plus difficiles de son exil. Il n'a presque plus d'argent, ses serviteurs s'éloignent de lui et les souverains européens lui refusent tout secours. Après les premiers revers de Napoléon en Espagne, il reprend des contacts avec l'entourage de ce dernier. Talleyrand, ministre des Affaires étrangères de l'Empire, saisit l'occasion : il a compris que le déclin de son maître est irréversible et il entend jouer un rôle de premier plan dans le rétablissement du roi.
C'est Talleyrand en effet qui propose au Sénat, le 6 avril 1814, soit deux jours après l'abdication de Napoléon, que le comte de Provence soit appelé. Louis XVIII débarque à Calais le 24 avril ; le 3 mai suivant, il fait son entrée solennelle à Paris. On l'acclame, car il incarne la paix recouvrée.

Le mariage du duc de Berry, neveu de Louis XVIII, avec une roturière anglaise n'ayant pas été reconnu par la famille, le roi arrangea une union avec la princesse Marie-Caroline de Bourbon-Sicile, qu'il accueillit avec faste à la croix de Saint-Harem, en forêt de Fontainebleau.

Le roi régnant

La monarchie absolue est-elle rétablie ? Non, car Louis XVIII en reste à ce qu'il pensait dès avant 1789 : la monarchie est un principe sacré intangible, mais elle doit vivre avec son temps. La veille de son entrée à Paris, il a publié la déclaration de Saint-Ouen, qui garantit le maintien des libertés essentielles et d'un gouvernement représentatif.
Cette déclaration est confirmée par la promulgation de la Charte, le 4 juin 1814, qui institue un régime parlementaire. Les représentants ne sont élus que par la minorité des Français les plus riches, certes, mais ils ont la possibilité de destituer les ministres du roi.
Louis XVIII ne veut pas être le roi de la contre-Révolution, mais celui de tous les Français. Il cherche la réconciliation. Après les Cent-Jours (mars-juin 1815), qui voient un bref retour de Napoléon et un nouvel et humiliant exil pour Louis XVIII, celui-ci maintiendra cette ligne modérée. Très peu d'anciens serviteurs de l'Empire feront l'objet de poursuites. Louis XVIII demande même aux anciens chouans, qui se sont battus contre la République puis l'Empire, d'oublier les querelles du passé.

La fin d'un règne

Mais le 14 février 1820, coup de tonnerre : l'ultraroyaliste duc de Berry, fils du futur Charles X, est assassiné. C'est un crime jacobin, tempêtent les ultras, qui voient là la preuve qu'il faut en finir avec la modération. Les élections de novembre 1820, d'ailleurs, sont favorables à la droite. Louis XVIII doit s'incliner et accepter le ministère réactionnaire de Villèle.
La dernière partie du règne annonce celui, catastrophique, de son successeur Charles X, comme en témoigne par exemple le rétablissement de la censure en 1822. Lorsque Louis XVIII meurt, en 1824, son bilan est double : il a réussi à faire accepter la monarchie. Mais, plus important sans doute pour notre histoire, il a aussi réussi à faire vivre les hommes politiques français dans le cadre du parlementarisme. En cela, ce rescapé de l'Ancien Régime était un homme d'avenir.

Victor Hugo en exil à Jersey, au pied du « rocher des Proscrits ». Photographie de 1855.

Lui et Nous

La génération romantique

Le règne de Louis XVIII marque, après la dictature de Napoléon, un renouveau de la vie intellectuelle et artistique. Une sensibilité nouvelle qui exalte la nature et réhabilite l'art médiéval. Le mouvement, annoncé par les œuvres de Chateaubriand (*René, Génie du christianisme*, 1802), s'épanouit dans les années 1820 avec les œuvres de très jeunes poètes qui sont devenus pour nous des classiques, comme les *Méditations poétiques* de Lamartine (1820) et les *Odes* de Victor Hugo (1826). En peinture, le mouvement est représenté par Delacroix (né en 1798), dont les *Scènes des massacres de Scio*, œuvre emblématique, datent de 1824.

Louis-Philippe Ier d'Orléans		Napoléon III		Le peuple souverain
▶ **1831** *À Lyon les canuts (tisserands) se révoltent* ▶ **1840** *Naissance de É. Zola, de Cl. Monet et de A. Renoir*	▶ **1848** *Révolution et proclamation de la République. Louis Napoléon Bonaparte est président. Karl Marx publie le Manifeste du parti communiste*	▶ **1852** *Rétablissement de l'Empire (2 décembre)* ▶ **1855** *Exposition internationale de Paris*	▶ **1859** *Alliance avec le royaume de Sardaigne. Bataille de Solférino* ▶ **1870** *Déchéance de l'Empire*	▶ **1871** *La Commune de Paris : la Semaine sanglante (21-28 mai)*

Charles X

© Musée des beaux-arts, Dunkerque/Giraudon

En 1824, Charles X succède à son frère sur le trône de France. Ce réactionnaire obtus parviendra en moins de six ans à ruiner l'audacieuse tentative de Louis XVIII pour adapter la royauté à la réalité de la France post-révolutionnaire.

Horace Vernet. Charles X *(1757-1836). Son règne aux tendances absolutistes et autoritaires se heurta aux révoltes des citoyens. Avec lui finit le règne des Bourbons en France.*

L'insurrection des ouvriers et des étudiants les 27, 28 et 29 juillet 1830 — événement connu sous le nom des « Trois Glorieuses » — provoqua la chute du régime.

© Musée du Petit Palais, Paris/Erich Lessing/AKG Paris

À la cour de Versailles, avant la Révolution, Charles, né en 1757, frère cadet des futurs Louis XVI et Louis XVIII, se distingue par son goût pour les plaisirs. Il représente une certaine aristocratie décadente, qui n'a aucun complexe à faire la fête dans une totale insouciance aux dépens d'un pays qui court à la ruine.

Le refus de la Révolution

En 1789, Charles est l'un des premiers émigrés. Dès le 17 juillet, il fuit la France en annonçant à ses proches : « Je rentrerai dans trois mois... » Il ne remettra plus les pieds en France pendant un quart de siècle. Dès le début, Charles incarne donc le refus catégorique de la

Napoléon Ier		Louis XVIII		**Charles X**	
▶ **1796** *Bataille d'Arcole* ▶ **1799** *Coup d'État du 18-Brumaire (9 novembre)* ▶ **1802** *Naissance de Victor Hugo*	▶ **1804** *Promulgation du Code civil* ▶ **1805** *Bataille d'Austerlitz* ▶ **1812** *Passage de la Bérésina*	▶ **1814** *La France sera admise au congrès de Vienne* ▶ **1815** *Les Cent-Jours de Napoléon. Bataille de Waterloo (18 juin)*	▶ **1820** *Ampère découvre l'électrodynamique et Arago l'aimantation* ▶ **1821** *Mort de Napoléon*	▶ **1830** *Les Trois Glorieuses (27, 28, 29 juillet)* ▶ **1830** *L'armée française prend Alger*	▶ **1830** *Abdication de Charles X. Fin de la dynastie des Bourbons*

Encombrante girafe

Charles X est aussi resté célèbre... pour sa girafe ! Il s'agit d'un cadeau du vice-roi d'Égypte Méhémet-Ali, qui aurait aimé que la France soutienne sa politique, au moment où la répression des Grecs émeut l'opinion publique française.
L'animal débarque à Marseille puis est remonté lentement vers Paris, à la grande satisfaction des curieux qui se pressent pour l'admirer.
Les zoologistes sont ravis. Les caricaturistes aussi, qui se laissent aller à faire des rapprochements douteux entre l'animal et l'impopulaire monarque.

© Jean-Loup Charmet

Révolution, à la grande différence de son frère Louis XVIII.
Dans les années 1790, Charles parcourt l'Europe à la recherche de soutiens à la cause royaliste. Il assiste aux conversations entre l'empereur d'Autriche Léopold II et le roi de Prusse Frédéric-Guillaume II, à l'issue desquelles les deux souverains publient une déclaration où ils se proposent d'utiliser la force pour « mettre le roi de France en état d'affermir les bases d'un gouvernement monarchique ».
En 1795, Charles tente sans succès un débarquement sur l'île d'Yeu, au large de la Vendée. Il reste ensuite en Angleterre, qu'il ne quittera qu'en 1814 pour rentrer en France.
Sous le règne de son frère, il apparaît vite comme le chef des « ultras », les royalistes qui regrettent que le roi adopte une attitude modérée. Toute mesure qui ne va pas dans le sens de la vengeance l'effraie : « L'influence révolutionnaire couvre toute la France », écrit-il, par exemple, à son frère lorsque le gouvernement promulgue une loi destinée à rendre plus justes les modalités d'avancement des officiers de l'armée.

Le règne de la réaction

Charles X inaugure son règne par quelques mesures libérales, telles que l'abolition de la censure ou la libération des prisonniers politiques. Mais ces mesures démagogiques ne donneront pas longtemps le change. Le 29 mai 1825, Charles se fait sacrer à Reims avec faste, ressuscitant ainsi la plus archaïque des traditions de l'Ancien Régime.
Puis il laisse gouverner le ministre Villèle, qui accumule les mesures réactionnaires, comme la loi sur les sacrilèges qui punit avec une extrême rigueur les crimes commis contre les biens de l'Église, ou celle prévoyant l'indemnisation des émigrés spoliés par la Révolution.

La catastrophe finale

En 1827, les libéraux gagnent les élections législatives. Le roi nomme un gouvernement libéral mené par Martignac. Mais, en août 1829, Martignac rencontrant des difficultés face à sa majorité, il est remplacé par Polignac, un ultra de la plus pure espèce. La Chambre se rebiffe. Charles X la dissout, mais les nouvelles élections, qui se déroulent en juin et juillet 1830, donnent une majorité encore plus forte aux libéraux. Charles refuse le verdict des élections et décide tout à la fois la dissolution de la Chambre et l'élévation du cens (le montant des impôts payés à partir duquel on peut voter) pour diminuer le nombre des électeurs. Cette fois, c'est la révolution ! Le 27 juillet, ouvriers et étudiants manifestent à Paris.
Deux jours plus tard, Charles X accepte de revenir sur sa décision, mais il est trop tard : le régime est tombé.
Après avoir abdiqué en faveur de son petit-fils, le comte de Chambord, Charles X s'exile. Il mourra six ans plus tard, en 1836. Sous le nom de Henri VI, le comte de Chambord fut le dernier prétendant de la branche aînée des Bourbons. Sa mort sans enfant, en 1883, laissa l'héritage du trône de France à la branche cadette, celle des Orléans.

Lui et Nous

Les débuts des transports en commun

L'ancêtre de nos autobus, l'omnibus hippomobile — tiré par un cheval —, est né à Paris sous le règne de Charles X. Le ticket coûte six sous, soit presque aussi cher qu'un kilo de pain. Il n'y a pas d'arrêt fixe : le cocher s'arrête à la demande. La première ligne, inaugurée en 1828, ne dessert que la rive droite et relie la Bastille à la Madeleine. Mais dès l'année suivante les omnibus d'une quinzaine de compagnies privées sillonnent déjà les différents quartiers de la capitale.

© Musée de la Ville de Paris, Musée Carnavalet/Lauros-Giraudon

Louis-Philippe Ier d'Orléans		Napoléon III		Le peuple souverain
▶ **1831** *À Lyon les canuts (tisserands) se révoltent* ▶ **1840** *Naissance de É. Zola, de Cl. Monet et de A. Renoir*	▶ **1848** *Révolution et proclamation de la République. Louis Napoléon Bonaparte est président. Karl Marx publie le Manifeste du parti communiste*	▶ **1852** *Rétablissement de l'Empire (2 décembre)* ▶ **1855** *Exposition internationale de Paris*	▶ **1859** *Alliance avec le royaume de Sardaigne. Bataille de Solférino* ▶ **1870** *Déchéance de l'Empire*	▶ **1871** *La Commune de Paris : la Semaine sanglante (21-28 mai)*

Louis-Philippe Ier

Louis-Philippe Ier *(1773-1850). Un portrait signé Franz Winterhalter, le peintre chéri des cours européennes au* XIXe *siècle.*

En 1830, Charles X est chassé par une révolution populaire. Les représentants de la bourgeoisie libérale sont satisfaits. Mais, effrayés par l'éventualité d'un retour à la Terreur, ils appellent le duc d'Orléans sur le trône. Celui-ci, sous le nom de Louis-Philippe Ier, régnera dix-huit ans, mais il ne parviendra pas à imposer sa dynastie.

Une branche nouvelle

Le jeune Louis-Philippe, duc d'Orléans, est le représentant de la branche cadette de la famille des Bourbons, celle qui descend du frère puîné de Louis XIV. Né en 1773, il est le fils du fameux Philippe-Égalité, qui vota pour la mort de Louis XVI. Adhérant aux idées de son père, le jeune Louis-Philippe accueille avec enthousiasme 1789 et entre même au club des Jacobins. Puis, il participe aux batailles victorieuses de Valmy et de Jemmapes. Mais, en mars 1793, il est contraint de passer à l'ennemi pour éviter d'être arrêté. Toutefois, il refuse de combattre la France aux côtés des coalisés, ce qui ne le fait guère apprécier des autres émigrés.

Un prince à part

Il passe son exil à l'écart de la société des aristocrates. En 1794, il est professeur de géographie, de mathématiques et de langue dans un lycée suisse, puis il voyage en Scandinavie et, de 1797 à 1799, aux États-Unis, enfin il s'établit en Angleterre, où il restera jusqu'en 1807. En 1809, il épouse Marie-Amélie de Bourbon des Deux-Siciles, fille du roi de Naples, et part vivre en Sicile. Il cherche alors à se rapprocher de ses cousins Bourbons.

Napoléon Ier		Louis XVIII		Charles X	
▶ **1796** *Bataille d'Arcole* ▶ **1799** *Coup d'État du 18-Brumaire (9 novembre)* ▶ **1802** *Naissance de Victor Hugo*	▶ **1804** *Promulgation du Code civil* ▶ **1805** *Bataille d'Austerlitz* ▶ **1812** *Passage de la Bérésina*	▶ **1814** *La France sera admise au congrès de Vienne* ▶ **1815** *Les Cent-Jours de Napoléon. Bataille de Waterloo (18 juin)*	▶ **1820** *Ampère découvre l'électrodynamique et Arago l'aimantation* ▶ **1821** *Mort de Napoléon*	▶ **1830** *Les Trois Glorieuses (27, 28, 29 juillet)* ▶ **1830** *L'armée française prend Alger*	▶ **1830** *Abdication de Charles X. Fin de la dynastie des Bourbons*

Horace Vernet. Le Duc d'Orléans quitte le Palais-Royal pour se rendre à l'hôtel de Ville, *le 31 juillet 1830. Château de Versailles.*

Mais ceux-ci se méfient de son tempérament ambitieux, et Louis XVIII craint qu'il ne lui fasse ombrage.
Sous la Restauration, Louis-Philippe recouvre son immense fortune, mais Louis XVIII ne l'autorise à rentrer en France qu'en 1817. Même après cette date, on ne veut pas de lui aux Tuileries. La cour le rejette et fait ainsi de lui un simple bourgeois. Qu'à cela ne tienne ! Il jouera cette carte à fond : malgré sa très grande fortune et le fait qu'il réside dans le luxueux Palais-Royal, Louis-Philippe se pique d'être un simple citoyen.
Ainsi fait-il éduquer ses enfants au collège Henri-IV et non par un précepteur.
Il reçoit au Palais-Royal des personnalités de l'opposition libérale, et, sans être lui-même un activiste de l'opposition, laisse entendre qu'il se tient prêt, si Dieu et le peuple le veulent, à régner.

1830 et le triomphe du « juste milieu »

Durant la révolution qui éclate à Paris le 27 juillet 1830, Louis-Philippe se garde bien de prendre parti. S'il n'est pas auprès de son cousin Charles X, il n'est pas non plus parmi la foule qui en réclame le départ. Il attend tranquillement près de Paris qu'on vienne le chercher.
C'est ce qui se produit dès le 30 juillet : des représentants de la bourgeoisie, effrayés par les risques d'une révolution populaire, sollicitent de Louis-Philippe qu'il accepte la lieutenance générale du royaume.

Le 3 août, il reçoit l'abdication de Charles X, et, le 9 août, la Chambre des députés proclame l'avènement de « Louis-Philippe Ier, roi des Français » — et non « de France » — : cela implique l'acceptation du drapeau tricolore.

Une autre révolution ?

Révolution ? Pas vraiment. Le cens est abaissé, ce qui accroît le nombre des électeurs, mais la nature du régime demeure inchangée, puisque la grande masse des Français continue à ne pas voter. Du 15 au 21 décembre 1830

Girardin invente la presse à grand tirage

Émile de Girardin peut être considéré comme l'inventeur d'un nouveau type de presse. Fonctionnaire sous la Restauration, il se lance ensuite dans le journalisme. Sa conviction : les progrès de l'éducation élargissent le nombre potentiel des lecteurs de journaux. En 1836, il lance *la Presse*, le premier quotidien à grand tirage et à bon marché. Pour fidéliser les lecteurs, les journaux publient des romans-feuilletons, ce qui permet au génie d'Alexandre Dumas et d'Honoré de Balzac de s'épanouir et de se faire connaître.

La Chambre des députés appelant le duc d'Orléans, futur Louis-Philippe Ier.

Louis-Philippe Ier d'Orléans		Napoléon III		Le peuple souverain
▶ **1831** *À Lyon les canuts (tisserands) se révoltent* ▶ **1840** *Naissance de É. Zola, de Cl. Monet et de A. Renoir*	▶ **1848** *Révolution et proclamation de la République. Louis Napoléon Bonaparte est président. Karl Marx publie le Manifeste du parti communiste*	▶ **1852** *Rétablissement de l'Empire (2 décembre)* ▶ **1855** *Exposition internationale de Paris*	▶ **1859** *Alliance avec le royaume de Sardaigne. Bataille de Solférino* ▶ **1870** *Déchéance de l'Empire*	▶ **1871** *La Commune de Paris : la Semaine sanglante (21-28 mai)*

Napoléon III

Jusqu'en 1848, Louis-Napoléon Bonaparte est un aventurier qu'une conviction forte anime : il a la mission de monter sur le trône de France pour venger la mémoire de son oncle, Napoléon Ier. Après 1848, Louis-Napoléon est un homme d'État. Président de la République puis empereur sous le nom de Napoléon III, il tente, pour la dernière fois de notre histoire, de concilier la modernité avec le principe monarchique.

Napoléon III (1808-1873), empereur des Français.
Image photographique coloriée, vers 1860-1870.

Enfance d'un prince

Né à Paris le 20 avril 1808, Louis-Napoléon est le fils de Louis Bonaparte, frère cadet de Napoléon Ier. Sa mère, Hortense, fille de l'impératrice Joséphine et du vicomte Alexandre de Beauharnais, a été adoptée par l'Empereur. En 1815, le premier Empire s'écroule. Louis-Napoléon et sa mère doivent fuir la France et se réfugient près du lac de Constance. En Allemagne, il fréquente une école militaire, et en sort officier d'artillerie. Il peut alors faire ses débuts dans la vie. Une vie d'aventurier.

L'aventurier révolutionnaire

Louis-Napoléon veut combattre les puissances réactionnaires qui triomphent partout en Europe après Waterloo. Il n'est pas en France lors de la révolution de Juillet 1830, mais on le trouve en Italie en 1831 prenant part à une insurrection contre les occupants autrichiens. À sa mère inquiète, il écrit : « Le nom que nous portons nous oblige à secourir les peuples malheureux qui nous appellent. » Mais ce nom fait aussi de celui qui le porte l'ennemi désigné des Autrichiens. S'il est pris, il sera purement et simplement fusillé. Il quitte alors le mouvement insurrectionnel et se cache. Grâce à l'ingéniosité de sa mère, il parvient à se rendre clandestinement à Paris. Mais il reste indésirable en France. Louis-Napoléon et sa mère s'établissent alors en Suisse, où le futur empereur entame une carrière... dans l'armée helvétique.

Napoléon Ier		Louis XVIII		Charles X	
▶ **1796** *Bataille d'Arcole* ▶ **1799** *Coup d'État du 18-Brumaire (9 novembre)* ▶ **1802** *Naissance de Victor Hugo*	▶ **1804** *Promulgation du Code civil* ▶ **1805** *Bataille d'Austerlitz* ▶ **1812** *Passage de la Bérésina*	▶ **1814** *La France sera admise au congrès de Vienne* ▶ **1815** *Les Cent-Jours de Napoléon. Bataille de Waterloo (18 juin)*	▶ **1820** *Ampère découvre l'électrodynamique et Arago l'aimantation* ▶ **1821** *Mort de Napoléon*	▶ **1830** *Les Trois Glorieuses (27, 28, 29 juillet)* ▶ **1830** *L'armée française prend Alger*	▶ **1830** *Abdication de Charles X. Fin de la dynastie des Bourbons*

© Musée de Chartres/Jean-Loup Charmet

Hortense de Beauharnais, fille du premier mariage de l'impératrice Joséphine et épouse du frère cadet de Napoléon Ier, fut une mère dévouée pour Napoléon III.

Le comploteur

En 1832, le seul fils de Napoléon Ier, l'« Aiglon », meurt. Louis-Napoléon est l'aîné des neveux de l'Empereur et estime en être l'héritier. Son père et ses oncles n'ont aucun goût pour l'aventure ! Ils n'apprécient pas les entreprises de leur fils et neveu... et leur plus cher désir est de couler paisiblement leurs derniers jours en exil ! Seule Hortense soutiendra toujours les ambitions de son fils. En 1835, Louis-Napoléon rencontre Persigny. Admirateur de l'épopée napoléonienne, ce personnage louche veut se mettre au service du neveu de son héros. Dès 1836, ils passent à l'action en tentant de soulever la garnison de Strasbourg. C'est un échec. Louis-Napoléon est simplement condamné à l'exil. Il n'a même pas eu l'honneur d'être pris au sérieux ! En 1840, nouveau coup de main, à Boulogne — et nouvel échec. Cette fois, c'est la réclusion à perpétuité. Six ans plus tard, Louis-Napoléon s'évade de sa prison, déguisé en maçon, et fuit en Angleterre.

Le prince-président

Dès février 1848, Louis-Napoléon profite de la confusion créée par la révolution pour rentrer en France.

Une politique extérieure ambitieuse

Le règne marque un tournant dans la politique extérieure de la France. Pour briser l'isolement de la France induit par les traités de 1815, Napoléon III s'allie avec l'Angleterre contre la Russie. La guerre de Crimée qui s'ensuit en 1854, victorieuse pour la France, assoit la légitimité de Napoléon III sur la scène européenne. En Italie, ce dernier soutient militairement le combat des libéraux contre l'Autriche pour l'unification du pays (victoires de Magenta et Solferino). Cela vaudra à la France l'annexion de Nice et de la Savoie. Sous Napoléon III, la France sort de sa réserve diplomatique... mais sans réels moyens militaires, comme le montrera le désastre de 1870 dans la guerre contre la Prusse.

© Musée des beaux-arts, Caen/Giraudon

La Bataille de Sébastopol *(partie centrale). Peinture de J. Ch. Langlois retraçant un épisode de la guerre de Crimée.*

Louis-Philippe Ier d'Orléans		**Napoléon III**		Le peuple souverain
▶ **1831** *À Lyon les canuts (tisserands) se révoltent* ▶ **1840** *Naissance de É. Zola, de Cl. Monet et de A. Renoir*	▶ **1848** *Révolution et proclamation de la République. Louis Napoléon Bonaparte est président. Karl Marx publie le Manifeste du parti communiste*	▶ **1852** *Rétablissement de l'Empire (2 décembre)* ▶ **1855** *Exposition internationale de Paris*	▶ **1859** *Alliance avec le royaume de Sardaigne. Bataille de Solférino* ▶ **1870** *Déchéance de l'Empire*	▶ **1871** *La Commune de Paris : la Semaine sanglante (21-28 mai)*

Jacques Louis David. La Salle du trône. *Ouverture le 2 février 1859 de la session législative par Napoléon III dans la salle des États du nouveau Louvre. Musée Carnavalet.*

Il est déterminé à ne pas laisser filer une nouvelle fois la chance. La IIe République est proclamée le 24 février.
Louis-Napoléon est en France, mais il est sans argent et personne ne le connaît. On ne connaît que son nom.
Cela suffit : lors des premières élections législatives au suffrage universel, il est triomphalement élu député.
Une nouvelle Constitution est adoptée qui prévoit l'élection du chef de l'État au suffrage universel. Louis-Napoléon se présente alors à l'élection présidentielle, qu'il remporte brillamment.
Mais la Constitution ne prévoit pour le président qu'un mandat de quatre ans non renouvelable. Cela ne suffit pas à celui qui, depuis vingt ans, attend son heure...

Le coup d'État du 2-Décembre

Louis-Napoléon choisit d'abord de rester discret, laissant une Assemblée réactionnaire prendre des mesures impopulaires qui la discréditent. Lui se pose en garant des principes du nouveau régime, et surtout du suffrage universel. En 1851, il demande que la Constitution soit révisée en vue de lui permettre de briguer un second mandat. Au matin du 2 décembre, Louis-Napoléon fait placarder dans Paris des affiches annonçant sa décision de dissoudre l'Assemblée et la préparation d'une nouvelle Constitution. Ce coup d'État marque la fin de la IIe République.
Louis-Napoléon montre enfin son vrai visage. Dans les jours qui suivent le coup d'État, les arrestations d'opposants se multiplient. La plupart des chefs républicains sont déportés dans des bagnes en Algérie ou en Guyane.
Dès le 14 janvier 1852, Louis-Napoléon fait modifier la Constitution.
La nouvelle prolonge pour dix ans son mandat de président et lui confère les pleins pouvoirs.

Un régime autoritaire

Louis-Napoléon entreprend alors un tour de France pour préparer le plébiscite du 2 décembre, par lequel l'Empire est rétabli. Après quatre années de troubles, les Français espèrent du nouveau régime le rétablissement de l'ordre.
Jusqu'en 1860, le régime est effectivement une dictature. Les fonctionnaires doivent prêter un serment de fidélité à l'empereur et la presse est bâillonnée. Les élections existent encore, mais sont sans signification : seuls les « candidats officiels » ont le droit de se présenter.

L'expansion économique

Mais cette première phase du règne est aussi celle d'une véritable explosion économique, soutenue par un État qui ne regarde pas à la dépense : les grands travaux d'Haussmann à Paris en sont l'exemple parfait. En 1852 est créé le Crédit foncier. D'autres établissements banquiers, dont beaucoup existent encore aujourd'hui, datent également du second Empire : le Crédit lyonnais (1863) la Société générale (1864), par exemple.

Offenbach, la fête du second Empire

Le second Empire a été une période faste pour la vie mondaine. Le musicien Offenbach (1819-1880), un violoncelliste né à Cologne, personnalise cette longue fête impériale. Il est l'auteur d'innombrables opérettes, dont se régale le Tout-Paris : *Orphée aux enfers* (1858), *la Belle Hélène* (1864), *la Vie parisienne* (1866), etc.

Napoléon Ier		Louis XVIII		Charles X	
▶ **1796** *Bataille d'Arcole* ▶ **1799** *Coup d'État du 18-Brumaire (9 novembre)* ▶ **1802** *Naissance de Victor Hugo*	▶ **1804** *Promulgation du Code civil* ▶ **1805** *Bataille d'Austerlitz* ▶ **1812** *Passage de la Bérésina*	▶ **1814** *La France sera admise au congrès de Vienne* ▶ **1815** *Les Cent-Jours de Napoléon. Bataille de Waterloo (18 juin)*	▶ **1820** *Ampère découvre l'électrodynamique et Arago l'aimantation* ▶ **1821** *Mort de Napoléon*	▶ **1830** *Les Trois Glorieuses (27, 28, 29 juillet)* ▶ **1830** *L'armée française prend Alger*	▶ **1830** *Abdication de Charles X. Fin de la dynastie des Bourbons*

De même, le règne voit l'essor du chemin de fer (de 3 100 km de rails en 1851, on passe à 17 000 en 1870 !).

La tentative libérale

Après 1860, Napoléon III revient à ce qu'il pense être le fondement du bonapartisme : un régime fort, certes, mais qui recherche l'intérêt du peuple. C'est ainsi que le droit de grève est reconnu en 1864, de même que la liberté de la presse (1868) et la liberté de réunion (1869). Les élections deviennent libres. Cela ne nuit pas, dans un premier temps, à la suprématie des bonapartistes : en 1863, seuls 32 opposants républicains sont élus députés (ils n'étaient que cinq auparavant). Mais en 1869, les bonapartistes n'ont plus la majorité. Napoléon III respecte la règle démocratique et appelle à la tête du gouvernement Émile Ollivier, un républicain qui accepte la politique d'ouverture du souverain.

La chute

Cette évolution vers un assouplissement du régime sera sans lendemain. En mai 1870, un nouveau plébiscite confirme la popularité du souverain, mais l'envenimement de la situation internationale amène la chute du régime. À la suite d'une querelle pour la succession sur le trône d'Espagne, Napoléon, encouragé par l'impératrice, Eugénie de Montijo, décide de déclarer la guerre à la Prusse le 17 juillet 1870. En moins de deux mois, l'armée française est écrasée. Retranché dans Sedan, Napoléon III est contraint de capituler le 2 septembre 1870.

Franz Winterhalter. L'Impératrice Eugénie au milieu de ses dames d'honneur. *Musée de Compiègne.*

Le régime, fondé sur l'idée de la gloire militaire, ne peut survivre. Les républicains prennent le pouvoir à Paris et prononcent la déchéance de l'empereur, qui mourra en exil trois années plus tard. L'ère de la république commence. La France n'aura plus jamais de souverain, ni roi ni empereur.

Lui et Nous

Le Paris moderne

L'un des rêves les plus chers de Napoléon III était de transformer Paris. Avant de régner, il avait même dessiné un plan du Paris tel qu'il le souhaitait. Dès le début de son règne, il trouve en Haussmann, qu'il nomme préfet de Paris, un auxiliaire efficace. Le centre de Paris était un labyrinthe insalubre, il est vrai. Mais le but du baron Haussmann et de l'empereur était aussi d'ouvrir de larges voies de passage pour l'artillerie et la cavalerie en cas de retour d'une révolution populaire. Dès 1852, on rase tout. Les travaux se prolongent au-delà du règne, donnant à Paris le visage qu'on lui connaît aujourd'hui. Le mouvement ne se borne pas à Paris. Lille, Toulouse, Lyon, entre autres, connaissent de semblables transformations.

Démolitions à Paris pour le percement de l'avenue de l'Opéra. Musée de Compiègne.

Louis-Philippe Ier d'Orléans		**Napoléon III**		Le peuple souverain
▶ **1831** *À Lyon les canuts (tisserands) se révoltent* ▶ **1840** *Naissance de É. Zola, de Cl. Monet et de A. Renoir*	▶ **1848** *Révolution et proclamation de la République. Louis Napoléon Bonaparte est président. Karl Marx publie le Manifeste du parti communiste*	▶ **1852** *Rétablissement de l'Empire (2 décembre)* ▶ **1855** *Exposition internationale de Paris*	▶ **1859** *Alliance avec le royaume de Sardaigne. Bataille de Solférino* ▶ **1870** *Déchéance de l'Empire*	▶ **1871** *La Commune de Paris : la Semaine sanglante (21-28 mai)*

Le peuple souverain

Plus que d'autres rois, Louis XIV s'est servi politiquement de son image de personnage rendu divin par le sacre.

Le pouvoir de « droit divin »

Lorsqu'en août 1792 les sections parisiennes pénètrent dans le palais des Tuileries pour s'emparer de la famille royale et imposer la destitution de Louis XVI, elles mettent fin à plus de mille ans de pouvoir royal en France. L'abolition de la royauté, entérinée par l'Assemblée législative, aboutit en septembre à la proclamation de la République.

Le pouvoir royal était détenu par un seul homme qui affirme, selon la tradition capétienne, le tenir de Dieu. Cette origine divine est symbolisée par la cérémonie du sacre, qui est organisée traditionnellement dans la cathédrale de Reims mais qui l'a été également dans d'autres hauts lieux de l'Église, comme la cathédrale Notre-Dame de Chartres pour le sacre d'Henri IV.

À travers le sacre — en particulier l'imposition d'une sainte ampoule —, le roi est désormais un personnage à part. Il sort en quelque sorte de la société des hommes, qu'il domine de par son caractère sacré.

La souveraineté populaire

Durant les premières années de la Révolution, les pouvoirs du roi ont été largement réduits et une nouvelle légitimité s'est imposée à ses côtés, celle du peuple, à travers ses délégués. Face aux lois que les représentants du peuple adoptent, Louis XVI ne peut opposer que son veto (c'est-à-dire son refus de contresigner une loi adoptée par la représentation nationale).

En 1790, lors de la fête de la Fédération commémorant la prise de la Bastille le 14 juillet précédent, Louis XVI préside une manifestation où les étendards qui flamboient au soleil de juillet expriment une nouvelle hiérarchie des pouvoirs : « le Roi, la Loi, la Nation » sont mis sur le même plan, même si le roi est cité en premier lieu.

Deux ans plus tard, le roi disparaît des institutions politiques du pays.

La souveraineté populaire est en marche.

La longue marche de la démocratie

Mais c'est une marche très longue, puisqu'il faudra attendre presque un siècle pour que la République s'installe de manière durable en France.

Ainsi, défaites militaires, soulèvements populaires et coups d'État ont rythmé le difficile et long apprentissage qui a abouti à la victoire de la démocratie parlementaire. En effet, pour qu'un régime politique dure dans le temps, il lui faut être reconnu comme légitime par la majeure partie de la population ou des personnes qui disposent d'un pouvoir politique par leur position sociale ou économique. L'échec final des révolutionnaires jacobins à installer un régime politique stable fondé sur la souveraineté populaire (un citoyen, un vote) a abouti à une remise en cause de ce principe. D'ailleurs, les femmes n'ont pas été immédiatement invitées à y participer : elles devront attendre 1946 pour obtenir le droit de vote et ne plus être considérées comme des « citoyens » de seconde zone.

Napoléon Ier		Louis XVIII		Charles X	
▶ **1796** *Bataille d'Arcole* ▶ **1799** *Coup d'État du 18-Brumaire (9 novembre)* ▶ **1802** *Naissance de Victor Hugo*	▶ **1804** *Promulgation du Code civil* ▶ **1805** *Bataille d'Austerlitz* ▶ **1812** *Passage de la Bérésina*	▶ **1814** *La France sera admise au congrès de Vienne* ▶ **1815** *Les Cent-Jours de Napoléon. Bataille de Waterloo (18 juin)*	▶ **1820** *Ampère découvre l'électrodynamique et Arago l'aimantation* ▶ **1821** *Mort de Napoléon*	▶ **1830** *Les Trois Glorieuses (27, 28, 29 juillet)* ▶ **1830** *L'armée française prend Alger*	▶ **1830** *Abdication de Charles X. Fin de la dynastie des Bourbons*

Qui est « le peuple » ?

La souveraineté populaire a été mise entre parenthèses à partir de la Restauration (1815). Les élections ont été ouvertes uniquement à ceux qui pouvaient justifier d'un certain niveau de revenu, en fait aux propriétaires. C'était faire la part belle aux plus riches et aux plus puissants, aux classes supérieures de la société, nobles, membres de la bourgeoisie commerciale et des professions libérales. Contre cette confiscation de l'expression politique au profit d'une minorité s'élevèrent au cours du XIXe siècle le mouvement républicain puis le mouvement ouvrier.

En effet, le terme de souveraineté populaire signifie que c'est du peuple tout entier que doivent venir les institutions politiques d'un pays.

La revendication du suffrage universel mobilisa tous les courants républicains durant un siècle. C'est en 1848 que pour la première fois, à l'occasion du décret du 5 mars 1848, son principe est adopté en France (rappelons qu'il exclut tout de même plus de la moitié de la population, à savoir les femmes). Mais il ne sera appliqué que pendant un peu plus d'un an, car le président de la République, Louis-Napoléon Bonaparte, le futur Napoléon III, réussit à faire adopter dès 1850 une limitation importante du droit de vote.

Charles Thévenin. La fête de la Fédération, le 14 juillet 1790. *Musée Carnavalet, Paris.*

Vers la démocratie moderne

Cette loi est remplacée par la Loi constitutionnelle de 1875, qui abandonne le système censitaire (mot provenant du latin *cens* et signifiant « impôt » : ne pouvaient voter que ceux qui payaient un impôt supérieur à un certain montant) et stipule que tout homme de nationalité française pouvant prouver plus de six mois de résidence dans un endroit peut s'inscrire sur les listes électorales.

Une limite d'âge est toutefois fixée : en 1884, la majorité électorale est fixée à vingt et un ans ; elle sera abaissée à dix-huit ans en 1974.

La souveraineté populaire n'est toutefois pas garantie par l'exercice du seul suffrage populaire. Elle doit s'accompagner d'institutions garantissant la liberté d'expression et de conscience, l'égalité et la solidarité entre les citoyens.

Le Suffrage universel. *Gravure allégorique de 1850 dédiée à Ledru-Rollin, représente debout sous l'arbre de la République.*

Eux et Nous

Les vicissitudes de la République

Après la disparition de Louis XVI, il faudra encore bien du temps – presque un siècle – pour arriver à la forme de démocratie républicaine que nous connaissons aujourd'hui. En 1875, l'Assemblée nationale adopte des lois qui fondent la IIIe République. Entre la chute de la monarchie en 1792 et ce vote, deux Empires, ceux de Napoléon Ier et Napoléon III, trois royautés, celles de Louis XVIII, Charles X et Louis-Philippe Ier, et enfin deux révolutions – celle de 1830 et celle de 1848, qui a vu l'éphémère IIe République régner de 1848 à 1852 – se seront succédé.

Louis-Philippe Ier d'Orléans		Napoléon III		**Le peuple souverain**
▶ **1831** *À Lyon les canuts (tisserands) se révoltent* ▶ **1840** *Naissance de É. Zola, de Cl. Monet et de A. Renoir*	▶ **1848** *Révolution et proclamation de la République. Louis Napoléon Bonaparte est président. Karl Marx publie le Manifeste du parti communiste*	▶ **1852** *Rétablissement de l'Empire (2 décembre)* ▶ **1855** *Exposition internationale de Paris*	▶ **1859** *Alliance avec le royaume de Sardaigne. Bataille de Solférino* ▶ **1870** *Déchéance de l'Empire*	▶ **1871** *La Commune de Paris : la Semaine sanglante (21-28 mai)*